여자에겐 일생에 한 번
냉정해야 할
순간이 온다

예담

여자에겐 일생에 한 번 냉정해야 할 순간이 온다

한상복 지음

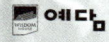

서문

냉정의 반대는 열정이 아닌 환상이다

사랑에 빠지는 순간, 우리는 제각각의 '섬'이라는 사실을 잊어버리고 만다. 나는 이쪽 편에서, 그는 저쪽 편에서 서로를 바라보는 데만 집중하다가, 그 사이에 심연의 바다가 놓여 있음을 까맣게 망각해버리는 것이다.

그렇다. 우리는 '작은 섬'이다. 바다에는 안개가 자욱하게 드리워져 있어 주변의 모습을 온전하게 보여주는 일이 좀처럼 드물다. 우리 작은 섬들은, 그런 조건 속에서도 절묘하게 사랑을 찾아내어 아주 먼 곳의 상대까지 또렷하게 바라본다. 마치 마법에 걸린 눈을 가지고 있는 것처럼.

상대에만 집중하다 보면 그가 바로 눈앞에 있는 듯 느껴지므로, 두 섬의 어딘가가 서로 연결되어 있을 것이라는 기대를 갖게 된다.

그리고 기대라는 것은 걸면 걸수록 스스로 발전하는 속성을 갖고 있어서, 연결에 건 기대는, 두 섬을 가로지르는 다리가 놓여 있음에 틀림없다는 확신으로 발전하게 된다.

사랑에 빠진 남녀의 눈에는 상대방 외에는 잘 들어오지 않는다. 연인을 제외한 모든 나머지가 '흐린 배경'으로 취급된다. 그의 부모나 친구, 신념, 환경 같은 것들이 전부 뭉뚱그려진 채 흐린 배경으로 처리되어 멀찍이 물러나 보이는 셈이다. 그가 도드라져 보일수록 더욱 그렇다.

이처럼 '연인만이 눈에 들어오는' 사랑이 결실을 맺은 것이 바로 결혼이라고, 사람들은 이야기한다.

우리는 연애와 결혼 사이에 튼튼한 다리가 놓여 있기 때문에 안심하고 건너면 그만이라고 믿는다. 언제까지나 아름다운 사랑이 변함없이 이어질 것이라는 로맨틱한 기대를 품으며 어딘가에 있을 다리를 찾아 나선다.

그런데 다리가 없다.

그제야 알게 된다. 결혼이란 누군가가 놓아둔 다리를 통해 이 섬에서 저 섬으로 이동하는 게 아니라, '나'와 '그 사람'이라는 서로 다른 섬에서 제각각 다리를 놓아 양쪽을 연결시키는 일이라는 진실을.

두 섬에서 따로 출발한 두 개의 다리가 안개 자욱한 바다 한가운데에서 만나 비로소 연결되는 것이다. 결혼은.

그러므로 결코 쉬운 일이 아니다. 그런데 이처럼 지난한 일을 추진하는 과정에서 결혼이라는 일이, '둘만을 위한 다리 잇기'가 아님을 또한 깨닫게 된다. 생각했던 것과는 달리 주변의 많은 이들이 그 다리를 통해 오가게 되며, 때문에 다리가 여간 튼튼하지 않고는 그런 하중을 버텨내기 쉽지 않다. 두 사람은 이것을 수많은 시행착오를 통해 배우게 된다.

결혼은, 두 섬 사이에 다리를 성공적으로 놓은 것으로 완성되지 않는다. 그것은 다만 시작일 뿐이다. 현실이라는 삼각파도는 대부분 그 이후부터 몰아쳐오니까 말이다.
그러니까 지금 만족스러운 결혼생활을 누리고 있는 부부들은, 모두가 끈덕지면서도 매서운 현실이라는 바다와의 생사를 건 투쟁에서 살아남은 섬들인 셈이다.
결혼, 특히 대한민국에서의 결혼생활은 이율배반적이다.
누구나 훤히 알고 있는 뻔한 결혼이지만, 동시에 너무 어려워서 갈피를 잡을 수 없는 게 결혼이기도 하다. 사랑으로 충분한 것이 결혼이며, 동시에 사랑만으로는 절대로 쉽지 않은 게 결혼이다. 부모님 말씀을 잘 따르면 탈이 없는 것이 결혼이지만, 한편으로는 부모님 말씀대로 했다가는 큰일이 나는 것이 결혼일 수도 있다.
앞날을 헤아릴 수 없기 때문에 결혼은 두렵다. 자욱한 안개 너머 막연한 미래로 향하는 새로운 출발선에서 누가 두려움으로부터 자유로울 수 있을까. 단지 얼마나 내색하느냐의 차이가 있을 뿐.
알 수 없는 미래가 두렵기 때문에, 함께 가는 것이다. 결혼은.

우리는 열정만 충분하다면 다리를 튼튼하게 연결하는 것은 물론, 훌륭하게 유지하고 관리할 수 있을 것이라고 낙관하기도 한다. 물론 열정은 남들이 꿈꾸지 못했던 기적을 만들어낸다. 수많은 고난을 이겨내며 극히 짧은 시간에 아름다운 다리를 만들어 놓는다.

그러나 현실의 삼각파도로부터 꿋꿋하게 버텨내도록 하는 설계와 점검 작업은 열정보다는 냉정의 몫이다.

다리의 절반은 이쪽에서 놓지만, 나머지 반은 저쪽에서 놓는다. 이쪽이 안전하려면 저쪽 또한 제대로 튼튼하게 놓여 있어야 한다. 열정만으론 반대편 다리의 하자 여부까지 발견해낼 수 없다. 실수나 한계를 찾아내는 안목은 냉정에서 비롯되기 때문이다.

따라서 서로를 이어주는 이상적인 다리는, 열정과 냉정의 절묘한 조합을 통해 완성되는 셈이다.

이렇게 말할 수 있겠다. 연애와 결혼 사이의 심연을 건너기 위해서는, 적어도 한번쯤은 한겨울의 시린 바닷물만큼이나 냉정해질 필요가 있다고 말이다. 그런 의미에서 냉정의 반대는, 열정이 아닌 환상일 것이다.

그러니까 아무리 눈이 먼 사랑이라도, 우리 모두 한번쯤은 냉정해질 필요가 있다. 진정으로 사랑한다면 때로는 한 걸음 물러서서 냉정하게 상대를 바라봐줄 필요가 있으며, 그런 관점으로 자기 자신 또한 돌아보아야 하는 것이다.

차례

서문 냉정의 반대는 열정이 아닌 환상이다 •004

01• 사랑에는 왜 선행학습이 없을까 •011
02• 3.5대 6.5의 법칙 •017
03• 잠자는 공주를 깨운 대가로 남자들이 얻은 것 •023
04• 우리는 왜 이렇게 엇갈리는 것일까 •030
05• 결혼, 전혀 다른 세상의 발견 •037
06• 사랑하므로 미안한 것이다 •046
07• 그의 어머니를 통해 사랑을 가늠하다 •054
08• 사랑을 휘두르는 보이지 않는 것들 •059
09• 혹 떼려다 혹 붙이는 •066
10• 바람둥이와 여자의 육감 •073
11• 불행한 사람들을 곁에 둔 죄 •080
12• 왜 피곤할 때 만나면 싸우게 되는 걸까 •090
13• 취재의 정석 •095
14• 그러나 사랑할수록 불안해지는 까닭은 •103
15• 그의 집에서 유심히 살펴야 할 것들 •113
16• 여자들이란 도대체 •120
17• 우등생도 풀지 못하는 사랑 게임의 법칙 •126
18• 친구들을 통해 알 수 있는 것들 •132

19 • 언제라도 나의 편이 되어주는 • 139
20 • 행복의 충돌, 초콜릿을 먹는 이유 • 145
21 • 현실주의 사랑을 위해 미리 이야기해야 할 것들 • 152
22 • 사랑하는 여자를 악녀로 만드는 조건 • 160
23 • 평생 행복, 결혼 3년 안에 결정된다 • 167
24 • "결혼하면 우리 엄마한테 잘해야 해." • 174
25 • '기선 잡기'라는 속설의 진실 • 180
26 • 정말로 '너를 위한 것'이라면 • 186
27 • 나에 대해 미리 생각하지 못했던 것들 • 194
28 • 왕의 수라가 '최고의 맛'은 아니었던 이유 • 201
29 • 신데렐라와 결혼한 왕자는 행복했을까 • 211
30 • 비리프라카의 규율 • 219
31 • 그까짓 돈 몇 푼 가지고 • 228
32 • 내게 못된 엄마가 되지는 말아줘 • 236
33 • 행복한 빚쟁이를 찾아서 • 246
34 • 여자에겐 일생에 한 번 냉정해야 할 순간이 온다 • 252
35 • 그 사람에게서 무엇을 배울 것인가 • 258
36 • 또 다른 사랑의 시작 • 270

01

사랑에는 왜
선행학습이 없을까

남자의 눈빛이 미세하게 흔들리더니, 이내 어색한 미소 속에 묻혀 버린다.

"왜? 내가 무슨……. 잘못한 거라도……."

그의 물음에 여자는 대답 대신 고개를 가로젓는다. 마주앉은 두 사람 사이에 침묵이 무겁게 내려앉는다.

여자가 슬며시 고개를 들어 그를 훔쳐본다. 큰 키에 균형 잡힌 몸매, 어디 내놓아도 빠지지는 않는 스타일의 남자다. 성격도 좋고 매너도.

열한 달하고도 사흘 동안 사귀었다. 이따금 전화를 안 받고 문자에 답을 주지 않을 때도 있지만, 연구원 특성상 시간에 쫓길 때에는 그럴 수도 있다고 이해한다. 그를 사랑하는 건 확실하다.

하지만 잘 모르겠다.

남자는 혼란스럽다. 오래 사귄 건 아니지만, 그녀가 원하는 스텝을 충실하게 밟아왔다. 100일째 되던 날에는 커플링을 맞추었고, 깜짝 이벤트로 그녀의 감동어린 눈물을 보았다. 가슴이 뿌듯했다.

여자가 커피 잔에서 눈을 떼지 않은 채 말한다.

"모르겠어. 결혼까지는 아직……. 미안해."

남자는 침을 꿀꺽 삼킨다. 그렇게라도 막지 않으면 속에서 타는 냄새가 올라올 것만 같아서다. 실제로 마음속 어딘가 심하게 과열되어 있는지도 모른다.

몇 주 전부터 그녀의 암시를 받았다. 결혼한 친구들 이야기며, 나중에 어떻게 살고 싶은지 등등을 늘어놓는 거였다. 그는 '프러포즈를 해도 된다'는 허락으로 해석했다. 인터넷을 뒤지고 발품을 팔아 이벤트를 준비했다. 그녀에게서 행복한 미소를 보고 싶었다.

그런데 이제 와서 모르겠다니.

무엇 때문일까. 그녀의 마음이 바뀐 것일까, 아니면 그녀의 뜻을 오해한 것일까. 남자는 열심히 기억을 검색해보지만 짚이는 부분을 찾아내지 못한다. 꾹꾹 눌러왔던 짜증이란 괴물이 목구멍 밖으로 뛰쳐나갈 것만 같다. 그는 자신이야말로 도무지 모르겠다고 생각한다. 그녀의 머릿속엔 도대체 뭐가 들어있는 것일까.

여자가 망설인 끝에 입을 연다.

"아직은 확신이 서지 않아. 서로를 더 알아본 다음에 결혼을 생각해야 되지 않을까 생각해."

'괜찮겠다'고 생각했던 것은 사실이었다. 이런 사람이라면 결혼을 해도 괜찮지 않을까 하는 정도.

남자는 기가 막힌다. 그녀가 무슨 말을 하는지 이해할 수 없다. 흥분해서 말투가 조금 거칠어진다.

"내가 어떤 사람인지, 정말로 몰라서 그러는 거야? 다 알잖아. 벌써 일 년을 만났는데. 뭐가 더 궁금해? 물어봐. 전부 얘기해줄게."

여자는 남자의 흥분이 가라앉기를 기다렸다가 차분한 어조로 대답한다.

"자기가 뭐하는 사람이고 뭘 좋아하는지, 가족이 어떻게 되는지는 충분히 알아. 그렇지만 아직 자기가 정말 '어떤 사람'인지는 모르겠어. 내가 아는 자기는 아직 '빙산의 일각'일 뿐일 거야. 직업이나 취향, 식성 같은 건 자기의 일부분에 지나지 않는 거잖아. 나는 자기가 보여주지 않은, 아니 어쩌면 보여주지 못한, 자기의 본질을 보고 싶은 거야. 그러니까 시간이 더 필요하다고 생각해."

여자는 프러포즈를 부추겨 놓고 변덕을 부리는 게 아니다. 오히려 이번 사랑만큼은 꼭 성공해야겠다고 생각한다. 그녀는 여러 번의 쓰라린 실패 경험과 언니들의 이야기를 종합해 나름의 원칙을 세웠고, 그 원칙을 적용하려는 것뿐이다.

남자는 수긍할 수 없다. 그녀가 왜 그런 '핑계'를 대는지 이유가 궁금할 뿐이다. 혹시 더 좋은 조건을 가진 누군가를 만난 것은 아닌가 하는 의심이 양쪽 귓가에서 스멀스멀 기어 올라온다. 열등감과 패배감까지 순식간에 따라 올라온다. 얼굴을 덮어 벌겋게 물들인다.

여자가 남자의 마음을 눈치챘는지, 타이밍을 놓치지 않고 말한다.

"다른 사람이 생긴 건 아니야. 난 자기를 사랑하지만, 여전히 모르겠어. 지금으로선 결혼을 생각하는 게……. 솔직히 말하자면 두려워. 자기가 '진짜 내 남자'가 맞는지 충분히 알아보고 확신이 서면 그때 다시 결혼 얘기를 하는 게 좋을 것 같아."

남자는 그 이후로도 여자의 이야기를 한참 동안 들은 후에야 수긍을 하고 만다.

믿거나 말거나지만, 어떤 신랑이 "비가 오나 눈이 오나……. 신부를 사랑하겠느냐"는 주례의 질문에 이렇게 대답했다는 우스개도 있지 않나.

"지금은 사랑하니까 결혼하는 것이죠. 하지만 요즘 같은 세상에 앞일을 어떻게 알겠어요? 다만 그렇게 하도록 최대한 노력하겠습니다."

결혼은 두려운 것일 수도 있다. 한 치 앞을 내다볼 수 없는 불안과 불확실성의 시대에는 더욱 그렇다.

그녀는 불안한 것이다. 사랑의 최종 목적지처럼 여겨지는 결혼이, 특히 상대의 겉모습만 보고 결정하는 결혼이. 정말로 '빙산의 일각'일 수도 있겠다고 그는 비로소 인정한다. 두 사람이 서로 사랑한다지만 보이는 것은 대개 '보여주려는 것들' 뿐이니까.

여자는 남자의 표정이 부드럽게 풀리는 것을 확인하고 나직하게 한숨을 뱉는다.

처음부터 그의 이런 모습이 좋았다. 잘 들어주고, 이해하려고 노력하는 자세. 여자는 자기 선택이 옳았음을 확인할 때마다 코끝이 찌르르해지는 것을 느낀다. 약간의 감동이랄까. 그가 고맙고 사랑스럽다. 그에 대해 더 많이 알고 싶다. 그의 페르소나(가면, 역할) 뒤에 감춰진 또 다른 얼굴을 찾아내어 공유하고 싶다. 이 사랑은, 느낌이 참 좋다.

남자가 잠시 자리를 비운 사이, 여자의 생각이 엉뚱한 곳으로 확장된다.

사랑에는 왜 선행학습이 없는 것일까. 성공과 행복을 위해서라며 온갖 선행학습과 반칙이 난무하는 시대에 말이다. 따져보니까 학교에선 배워본 적이 없다. 행복한 사랑은 고사하고, 남녀의 심리적 차이조차 가르쳐주지 않았다.

사랑에 관한 한, 숱한 실패와 아픔을 겪어가며 그녀 스스로 깨우쳐야만 했다. 남자와 여자는 어떤 점이 다르고, 왜 그렇게 행동하는지, 어떻게 하면 현명하게 소통할 수 있는지. 친구들 가운데 상당수는 여전히 혼란스러워한다.

세상이 토플 점수에 집착하는 만큼의 1퍼센트만이라도 사랑과 결혼에 대해 선행학습을 시켜주었다면 그녀 역시 그토록 아픈 시간을 보내지는 않았을 텐데.

여자의 휴대폰이 부르르 떤다. 친구에게서 메시지가 온 것이다. '소개팅 주선이 들어왔는데 뻔하니까 나가기 싫다'는 내용이었다.

그녀에게도 그랬던 때가 있었다. 하지만 지금은 생각이 바뀌었다. 비록 숱한 실패를 겪더라도 꼭 해야만 하는 것이 사랑이라는 깨달음을, 기쁨과 설렘, 괴로움의 속살들을 하나하나 만져보면서야 얻었다. 진짜 사랑을 통해서 우리는 비로소 어른으로 성숙하게 된다는 것을.

그녀는 친구에게 회신 메시지를 보냈다.

'그 마음 이해해. 하지만 동화 속의 공주님도 마법에 걸린 왕자님을 찾아내기 위해 수많은 개구리와 입맞춤을 하잖아? 그래도 현실의 우리는 그 정도까지는 아니잖아.'

입구에 남자가 보인다. 그 사이, 어디서 가지고 온 것일까. 빨간 장미꽃다발 위로 그의 웃는 얼굴이 보인다.

02

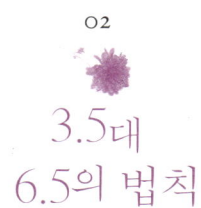

3.5대 6.5의 법칙

"너, 남자친구 생겼다면서?"

'드림 버스터 언니'가 샐러드 접시를 테이블에 내려놓으면서, 마치 '방금 생각났어' 하는 투로 물었다. '드림 버스터'라는 별명을 가진 언니는 걸핏하면 "꿈 깨!"로 판을 깨어놓기 일쑤였다.

여자는 예상 밖의 질문에 흠칫했다. 친구들한테도 비밀인데, 언니가 어떻게 그걸 알고 있는 것일까.

"아~ 네. 아직은 그냥……."

여자는 그렇게 얼버무렸지만, 언니가 알았다는 사실만으로도 기분이 상하는 것은 어쩔 수 없었다. 마치 그 사람과의 사이에 이물질이 끼어들어 순수성을 침범당한 것 같은 느낌이었다.

언니가 싫은 건 아니었다. 다만 언니의 과하다 싶은 현실 감각과 매몰찬 말투가 부담스러울 뿐이었다. 다른 친구들처럼 '선약이 있다'는 핑계를 댔어야 했는데, 괜히 스시 뷔페 좀 얻어먹겠다고 욕심을 부린 게 화근이었다.

"뭐하는 남자야? 결혼을 염두에 두고 있는 거야?"

여자는 잠깐 망설이다가 솔직하게 이야기했다. 언니의 '드림 버스터' 공격이 곧바로 들어왔다.

"얘! 꿈 깨! 그런 남자를 왜 만나니? 능력은 남자의 자격이고 본성이야. 남자는 아주 오래 전부터 사냥을 해서 가족을 부양하는 게 존재 이유였다고."

맞벌이가 일반화된 지금까지도 남자의 자격과 본성은 크게 바뀐 게 없으며, 우리 여성들은 '능력 있는 남자'를 추구하는 DNA 형질을 가지고 태어났다는 것이 언니의 주장이었다. 따라서 결혼적령기의 여자가 남편이 될 남자의 능력을 따지는 것은 매우 당연한 일이며 절대로 창피한 게 아니라는 결론.

'그런' 남자라니.

남자친구는 무능력자가 아니었다. 누구나 부러워하는 회사에 다니다가 진로를 바꾸기로 마음먹었을 뿐이다. 쉽지 않은 결정이었을 것이다. 앞으로 2~3년이면 무난하게 고시에 패스할 수 있을 거였다. 어디, 두고 봐.

하지만 여자는 얼굴이 화끈거려서 자리에 앉아있을 수가 없었다. 새 접시를 들고 다니면서 이것저것 건성으로 음식을 주워 담았다.

이래서 모두가 언니를 피하는 것이었다. 자기가 잘 사는 것을 과시라도 하듯, 비싼 음식을 사준다는 구실로 불러내어 남의 소중한 꿈을 파헤치고 깨부수는 유별난 취미를 가지고 있으니까.

억울했다. 지금까지 누구보다 열심히 살아왔다고 자부했는데 이런 소리를 들어야 하나. 학교 다닐 때에도 학점 관리하면서 학원이며 특강 쫓아다니느라 연애할 시간도 없었다. 반면 저런 언니는 미용이나 성형, 소개팅에만 신경을 쓰다가 의사 남편을 만나 부유하고 행복하게 살아가고 있다. 세상, 왜 이렇게 불공평한 것인가.

언니의 주장이 전혀 터무니없는 것은 아니었다. 그래서 더욱 약이 올랐다. 언니 말대로 결혼은, 엄밀하게 보면 '일생을 건 도박'인지도 모른다. 현재를 보고 판단해, 알 수 없는 미래를 함께 해야 한다는 의미에서는 정말 그렇다.

언니가 산더미처럼 음식을 쌓아온 그녀의 접시를 슬쩍 보고는 물었다.

"그런데 그 남자 부모님은 어때?"

언니가 그녀의 소박한 꿈을 또 깨부수었다.

"바보! 꿈 깨! 행복한 사람을 만나야 함께 행복해질 수 있는 거라고. 불행 속에 있는 사람은 곁에 있는 사람들까지 그 속으로 끌어들이게 되어 있어. 그러니까 그 남자가 행복한 기질을 지니고 있는지를 알아보는 게 중요하단 말이야."

미국 미네소타대학 연구팀이 '개인의 행복을 결정하는 가장 중요한 요인은 유전적으로 결정된다'는 연구결과를 내놓았다고 한다.

사람에게 행복이란 연인의 깜짝 이벤트나 회사의 승진처럼 외부에서 주어지는 행복이 10퍼센트에 불과한 반면, 마음속에서 찾아내는 내면의 행복이 90퍼센트를 차지하고 있다는 것. 그런데 그 내면의 행복이 50퍼센트 이상 유전적으로 결정된다는 분석이었다. 행복요소는 삶에서 어떻게 의미를 찾고 만족을 느끼는지와 깊은 관련이 있다.

"한마디로, 그 사람 부모님이 행복한지를 꼭 알아야 한다는 거야. 아버지와 어머니로부터 받은 유전자가 그 사람이 어떤 일에서 얼마나 행복을 느끼는지를 결정하는 셈이니까. 너도 그 사람하고 행복해지고 싶지? 그러려면 먼저 그 사람이 행복해야 하고, 그것보다 앞서 그 부모님이 행복한지가 중요하다는 얘기야."

여자도 학교 다닐 때 들었던 심리학 강의에서 지능이나 성격의 50~70퍼센트 가량이 유전적으로 결정되며 나머지는 생활환경에 의해 좌우된다고 배웠다.

행복 또한 그렇다면, 한 사람의 '행복 성향'은 유전적으로 물려받은 행복요소 외에도 부모와 함께한 생활과 습관, 교육 등에 의해 결정된다고 볼 수 있는 것이었다. 결론적으로 개인의 행복은, 그 부모 및 가족과 시스템적으로 긴밀하게 엮여져 있는 셈이다.

언니가 광어초밥 두 개를 한꺼번에 집어 입에 넣고 우물거리다가 말했다.

"너 혹시 '3.5대 6.5의 법칙'이라고 들어본 적 있니? 강남의 싱글 남녀 사이에 유행하는 말인데."

대부분의 남녀가 상대방만 '보고' '믿고' 사랑에 빠진다. 남다른 안목을 갖지 않고서는, 상대가 보여주는 외형만을 토대로 그가 어떤 사람인지 이해하는 경우가 많다. 그런데 요즘은 젊은 사람들의 머리가 확 트여서 상대방을 3의 비중으로, 상대의 부모를 6의 비중으로 놓고 본다는 것이었다. 특히 여자들뿐만 아니라 남자들에게도 그런 경향이 뚜렷하게 나타난다는 것이 언니의 결론이었다.

행복이 부모에게서 상당 부분 대물림된다는 것까지는 납득할 만했다. 하지만 그렇게 3이니 6이니 수치로 따져 조건화하는 것에는 여전히 거부감이 들었다. 순간, 욱하는 마음이 올라왔다.

"어쩐지 속물 같은 느낌이 드네요. 그런 법칙을 핑계로 부모의 조건을 따져보는 일에 정당성을 부여하는 것 같고요. 당사자 두 사람의 사랑과 의지가 제일 중요한 것 아닌가요?"

여자의 반론에 언니가 예상외로 수긍을 했다.

"그래. 네 말도 맞아. 하지만 굳이 조건을 따지는 차원이 아니더라도, 부모를 살펴보면 그 사람의 행복 성향에 대해서도 객관적으로 볼 수 있잖아. 게다가 결혼생활 초기에는 서로의 부모가 큰 영향력을 미치는 것도 사실이고……."

언니는 결정적으로, 그 부모를 통해 먼 훗날 그 사람의 모습을 미리 예상할 수 있다는 점을 가장 큰 요인으로 꼽았다. 그런데…….

"잠깐만요. '3.5대 6.5 법칙'이면 나머지 0.5 두 개는 뭔가요? 상대방이랑 부모는 각각 3하고 6이라면서요?"

언니가 냅킨으로 입을 닦으면서 대답했다.

"그건……. 네 몫이야. 남자의 0.5, 그리고 그 부모의 0.5가 너 하기에 달렸다는 의미지. 많이 적어보이지? 그래서 다들 지금의 너처럼 아쉽다는 표정인데, 알고 보면 꼭 그런 것도 아니야. 남녀가 많이 다르다고 하지만, 유전자 정보를 분석해보면 99퍼센트 이상 일치한대. 결국 남녀를 결정하는 유전자 차이는 1퍼센트 미만이라는 건데, 이것만으로도 인생이 확 달라지잖아. 그러니까 양쪽 0.5씩 1이면 행복을 스스로 만들어나가는 데 충분한 것 아닐까?"

여자는 마음속 어딘가에서 종이 울리는 듯한 느낌을 받았다. 사랑에 빠진 뒤로 그녀를 옭아매온, 뭔지 모를 허전함의 정체랄까. 그것을 난데없이 깨달았다. 그것은 불안이었다. 과연 그가 나 하나만을 사랑해주고 지켜줄 수 있을까 하는.

그가 이따금 침묵을 지킬 때면 그 침묵 속에 무엇이 있는지 궁금하기도 했다. 침묵의 보이지 않는 뿌리를 확인해보고 싶었다. 그의 생각을 물어보다가 다툼으로 이어지는 경우도 있었지만.

다음에 만나면, 그의 부모님이 행복한 결혼생활을 했는지, 꼭 확인해봐야겠다고 결심했다. 그와 행복한 결혼생활을 할 수 있을지 최소한 참고는 될 테니까. 또한 0.5의 노력으로 그의 부모님과 잘 지낼 수 있을지도 가늠해 볼 겸. 그런데 우리 부모님은 어땠지? 그 정도면 행복한 결혼이었을까?

03

잠자는 공주를 깨운 대가로
남자들이 얻은 것

옛날 어느 나라의 왕비가 공주를 낳았습니다. 왕 부부는 아기의 첫돌을 맞이해 성대한 파티를 열었죠. 그런데 초대받지 못한 심술쟁이 마녀가 나타나서는 저주를 퍼부었습니다.

"공주는 열여섯이 되는 날, 자기 욕심 때문에 죽고 말 것이다."

마녀가 사라지자 사람들은 충격에 사로잡혔어요. 이때 마음씨 착한 요정이 벽에 걸린 그림에서 나와 이렇게 말하는 것이었습니다.

"걱정하지 마세요. 제가 막아볼 테니까요."

왕과 왕비는 공주를 조심스럽게 키웠습니다. 칼이나 가위는 물론 바늘 같은 위험한 것들이 공주 근처에 보이지 않도록 시종들에게 엄한 명령을 내렸습니다.

드디어 열여섯 번째 생일이 다가왔습니다. 왕과 왕비가 공주를 옆에 두고 종일 신경을 곤두세웠지만 아무 일도 일어나지 않았습니다. 하루가 지나갔습니다.

밤 12시가 되자, 두려움에서 벗어난 왕이 공주에게 기분 좋게 물었습니다.

"내 딸아, 너도 결혼할 나이가 되었구나. 어떤 남편을 원하는지 말해보아라. 마법의 도움을 받아서라도 소원을 들어주겠다. 세상의 온갖 귀한 것들을 보여줄 수 있는 남자를 원하느냐, 아니면 밤낮으로 네 곁에서 아름다운 노래를 불러줄 남자를 원하느냐. 탄탄한 근육을 가진 강인한 남자도 있고, 세상의 책을 두루 읽은 현명한 남자도 불러올 수 있다. 자, 어떤 남자를 원하는지 말해보아라."

공주가 눈을 깜빡이며 왕에게 되물었습니다.

"그런 능력을 모두 갖춘 남자는 안 되나요?"

그 순간, 바닥이 갈라지며 옛날의 그 심술쟁이 마녀가 솟구쳐 올랐어요. 마녀는 두 손으로 공주에게 마법을 걸면서 외쳤습니다.

"욕심 때문에 죽게 될 것이라고 했지? 내가 소원을 들어주겠다. 현세에는 그런 남자가 없으니, 죽은 뒤의 세상에서나 그런 남자를 찾아보아라."

마음씨 착한 요정이 그림 속에서 뛰쳐나오며 그 마법을 받아쳤습니다. 그 덕분에 효력이 약해지기는 했지만 이미 공주는 마법의 영향을 받은 후였습니다. 공주는 그 자리에 쓰러져 죽은 것처럼 잠이 들고 말았습니다. 요정이 말했습니다.

"먼 훗날 멋진 왕자님이 나타나 공주에게 입을 맞추면 비로소 깨어날 것입니다."

그래도 왕과 왕비에겐 위안이 되지 않았습니다. 기약도 없이 잠을 자야만 한다니, 그것이 죽는 것과 뭐가 다르겠어요. 요정은 왕과 왕비의 부탁을 받아들여 궁전의 모든 사람들과 동물들을 잠들게 했습니다. 언젠가 공주가 깨어나면 혼자 슬퍼할지 모른다는 염려에서였습니다.

순식간에 100년이 흘렀고, 궁전은 가시덤불로 뒤덮였습니다. 어느 날 이웃나라의 왕자가 사냥을 나왔다 길을 잃어버린 채 헤매다가, 가시덤불로 덮인 궁전을 보게 되었습니다. 왕자는 도움을 구하려고 성으로 들어갔다가 공주를 발견했지요. 그녀의 아름다움에 홀려 자기도 모르게 입맞춤을 했습니다. 입맞춤에 공주가 깨어났고, 공주가 깨어나자 궁전의 모든 사람들과 동물들이 깨어났어요.

당연히 공주와 왕자는 결혼을 하게 되었습니다. 왕자는 3년간 왕국에서 지낸 뒤, 공주를 데리고 자기 나라로 되돌아가기로 했습니다. 두 사람은 100년 만에 잠에서 깨어난 궁전에서 즐거운 나날들을 보냈습니다.

그런데 왕자에게 골칫거리가 생겼습니다. 공주의 엄마, 그러니까 왕비가 부부의 생활에 시시콜콜 간섭을 하는 것이었지요.

왕자가 왕비에게 불려가 혼이 날 때면, 전날 밤 공주와 나누었던 이야기들이 토씨 하나 틀리지 않고 왕비의 입을 통해 나오는 것이었습니다. 곱게 자란 공주가 엄마에게 미주알고주알 전했기 때문이지요.

왕비는 왕국을 깨운 왕자를 처음에는 '생명의 은인'으로 여겨 고마워했지만, 그런 마음을 한결같이 이어갈 수 있는 사람이 얼마나 되겠어요?

이런 사정은 오랜 세월 후의 대한민국에서도 비슷합니다. 나이 든 여성들 사이에서는 '사위가 받아오는 돈은 야근수당까지 속속들이 알지만, 아들이 얼마나 버는지는 도대체 모르겠다'는 말이 있습니다. 시댁보다는 친정이 편한 딸들이 엄마와 대화를 나누며 별의별 사정을 다 이야기하는 것이죠. 딸과 사위의 일에 대해 많이 알게 될수록, 둘 사이에 끼어들 여지가 늘어나게 됩니다. 장모와 사위의 갈등이 35세 이하 부부의 이혼사유 가운데 1위로 급부상한 데는 그만한 이유가 있는 셈이죠.

왕자는 그림 속의 요정을 원망했습니다.

"어째서 나의 키스가 왕국의 모든 사람들을 깨우게 마법을 부려 놓았단 말이냐? 공주만 깨울 수 있도록 해놓았다면 내가 이렇게 불행해지지는 않았을 텐데."

요정이 그림 속에서 대답했어요.

"절반은 공주님 책임이지요. 아무리 친한 사람 앞이라도, 가릴 말은 가리는 게 좋을 텐데 말이죠. '무능한 남자는 배우자의 입을 통해 만들어진다'는 말도 있잖아요? 그런데 왕자님은 무엇을 바라시나요? 이번에는 왕자님 소원을 들어드릴게요."

왕자가 고민을 하다가 소원을 말했습니다.

"세상의 모든 엄마들이 딸과 지나치게 유착되지는 않게 해줘. 지금 이 순간부터."

요정이 그림에서 나와 마법을 걸었어요. 마법을 계기로 세상의 모든 엄마와 딸의 관계에 약간의 변화가 생겼습니다. 딸은 엄마 앞에서 남편 흉을 보면서도, 막상 엄마가 사위에 대해 좋지 않게 말하면 '왜 내 남편을 우습게 보느냐'며 발끈하게 된 것입니다.

왕자는 요정이 소원을 들어준 뒤로는, 왕비에게 잔소리를 들을 일이 줄어들어 평화로운 시간을 보낼 수 있게 되었습니다. 그러나 세상살이란 게 어디 그렇게 호락호락하던가요? 아무리 동화 속이라고는 하지만 말이죠.

왕자는 공주를 깊이 사랑했습니다. 하지만 그녀가 무엇 하나 놓치고 싶지 않아 선택을 망설일 때에는 곁에 있는 것이 고문처럼 끔찍했습니다. 공주는 '욕심 때문에 죽을 것'이라는 못된 마녀의 저주에서 완전히 헤어나지는 못했던 것이죠.

그녀는 뭔가를 골랐다가는 바꾸고, 잘못 바꾼 것이 아닌지 의심하며, 때로는 스스로가 무엇을 원하는지 알 수 없어서 괴로워했습니다. 그런 괴로움은 때때로 애꿎은 왕자에게 전가되기도 했습니다.

남자들에겐 선택이 '그 이외의 다른 것들의 희생'입니다. 그러나 어떤 여성들에겐 '하나만 골라야 한다는 상황 자체'가 너무나 견디기 힘든 일일 수 있습니다.

왕자는 공주의 심리를 인정하려고 노력했지만, 그런 상황을 옆에서 지켜볼 때마다 매우 힘이 들었습니다. 그가 보기에는, 이러기를 원하면서 동시에 저러기를 원한다는 것은, 마치 '뜨거운 아이스크림'을 만들어내라고 요구하는 것과 마찬가지였습니다. 차가우면서도 뜨거운 것.

갈수록 심해지는 공주의 변덕과 신경질에 왕자의 인내가 한계에 이르렀습니다. 왕자는 다시 그림 속 요정 앞에 섰습니다. 그리고 소원을 말했습니다.

"공주의 변덕 때문에 괴로워. 그렇지만 공주가 다른 사람이 되는 것은 원하지 않아. 나는 지금 이대로의 공주를 사랑하니까. 그러니, 나를 변하게 해줘. 내가 공주의 변덕에 상처받지 않도록."

왕자의 사랑에 감동을 받은 요정은 그에게 공주의 변덕을 이길 '특별한 지혜'를 선물로 주었습니다. 그리고 왕자의 후예인 지구촌 대부분의 남성들에게까지 그 지혜의 혜택은 이어지고 있습니다.

그 지혜란 다름 아닌 '인내'입니다.

그래서 대부분의 남자들은 연인이 무엇을 원하는지 콕 찍어 말해줄 때까지 기다릴 줄 아는 무던한 인내심을 갖게 되었습니다.

이따금 인내심의 차원을 넘어 지나치게 둔감한 남자들을 주변에서 발견할 수 있는데요. 이런 둔감함은 여성들에겐 '불안요소'로 작용합니다. 같은 공간에 있어도 마음은 각자 다른 곳에 있는 것처럼 느껴지기 때문이죠. 여성 입장에선, 둘 사이에 보이지 않는 벽을 쌓아놓고 뭔가에 몰입해 있는 남자를 볼 때면 정말로 사랑하는 사이가 맞는지 의심이 생겨 괴롭습니다.

어쨌거나 왕자는 공주와 행복하게 살아갈 수 있게 됐습니다. 서로의 결점을 사랑으로 받아들였기 때문입니다. 그래서 결혼을 일컬어 '결점 있는 한 인간이 내 인생 안으로 들어왔다'고 하는 모양입니다.

04

우리는 왜 이렇게 엇갈리는 것일까

"몸은 좀 어때? 감기는 다 나은 거야?"

"응. 뭐……. 괜찮아."

여자는 남자의 맞은편에 앉으며 시큰둥하게 대답했다. '이 얼굴이 다 나은 걸로 보이니?' 새삼 그에게 실망스럽다. 어제 전화는 그게 뭐란 말인가. "약 먹고 잘 쉬어야 낫는다"고? 그런 말은 난생 처음 보는 사이에도 해줄 수 있다. 다른 남자들은 사랑하는 여자가 아프다고 하면 앞뒤 안 따지고 득달같이 달려온다던데…….

"뭐 먹으러 갈래?"

"글쎄……."

여자는 실망했다. 맛있는 걸 사준다기에 긴 시간을 투자해 나름 꾸며 입고 나왔다. 다른 남자들이 잘한다는 깜짝 이벤트는 '쪽 팔려서' 못한다고 해도, 로맨틱한 저녁 정도는 예약해놓았을 거라고 내심 기대했다.

그런데 남자는 예쁘다는 칭찬은 고사하고 여자의 기분이 어떤지조차 관심이 없어 보였다. 여자는 생각했다. '혹시 내가 뭔가 잘못한 것이 아닐까.' 그게 아니라면 이 남자가 왜 이렇게 성의 없는 태도를 보이는지 이해할 수 없었다.

"작년에 갔던 가로수길 스파게티 전문점, 좋았는데……."

여자의 제안에 남자의 눈동자가 멍해졌다. 지난 일들을 떠올려보아도 기억이 나지 않는 것일 게다. 여자는 남자의 그런 표정에 이제는 익숙하다 못해 지겹다. 한두 번이 아니었다. 여자는 그와 함께 했던 모든 추억을 낱낱이 기억한다.

하지만 어쩌다 얘기가 나오면 남자의 반응은 '금시초문'이었다. 여자는 그럴 때마다 '정말 나를 사랑하기나 하는 걸까' 하는 의구심이 들곤 했다. 그리고 지금도.

"가로수길……. 근데 거기, 우리가 언제 갔었지?"

여자의 생일이었다. 그날 남자가 고백을 했다. 어떻게 그것까지 잊을 수가 있는 것인지.

그동안 보류해두었던 후회가 먹구름처럼 몰려왔다. 이렇게 안 통하는 남자와 어떻게 사랑에 빠질 수 있었던 것일까. 좌절감과 모멸감이 한꺼번에 번개로 내리치며 마음속에 장대비를 퍼붓기 시작했다.

여자는 목이 메었다. 이런 건 그녀가 원했던 사랑이 아니었다.

"그냥 샤부샤부나 먹자. 감기 걸렸을 때에는 따뜻한 국물이 있는 게 좋잖아."

남자는 그렇게 말하다가 여자의 뺨에서 눈물을 발견했다.

"왜? 왜 우는 거야? 샤부샤부 먹으면 안 돼? 아니면 무슨 일 있었어?"

여자는 대답을 하지 않는다. 남자는 패닉에 빠졌다.

여자가 감정을 발산시켜 남자의 관심을 끌 수 있는, 꽤 확실하고 효과적인 방법은 눈물이다. 여자의 눈물을 남자는 견뎌낼 재간이 없다. 여자의 분노보다 눈물이 훨씬 두렵다. 뭘 어떻게 해야 할지 알 수 없기 때문이다. 당혹스러우면서 속수무책. 남자는 그런 상황을 가장 싫어한다.

"왜 우는 거냐고! 내가 뭐 잘못한 거 있어?"

한참 후에야 여자가 모기만한 목소리로 간신히 말했다.

"나, 안 사랑하잖아."

남자는 그게 무슨 홍두깨 같은 소리인지 이해할 수 없다. 스파게티 말고 샤부샤부 먹자고 한 것을 가지고, '사랑하지 않는다'는 결론이 어떤 과정을 거쳐 도출된 것인지 따져 묻고 싶은 마음이 굴뚝같다. 그렇지만 참는다.

남성은 '사실'이나 '원인과 결과' 같은 것들로 이뤄진 생물이다. '감기가 걸린 원인은 무리했기 때문이며, 감기에는 따뜻한 음식이 도움이 된다'는 것이 남성이 도출해낼 수 있는 방식의 최선이다.

그래서 남성들은 여성을 이해하기 어렵다. 여성의 감정 신호라는 것이, 그들의 상상력 범위의 밖에 있기 때문이다. 잠깐 이야기를 나누는 사이에도, 여성의 감정은 서울에서 부산까지 여섯 번쯤은 충분히 오갈 수 있다는 것을 남성들은 꿈에도 생각하지 못한다.

"그래. 그럼 스파게티 먹으러 가자. 됐지?"

여자가 고개를 가로저으면서 다시 한 번 눈물 비를 뿌릴 것 같은 표정을 지었다. 남자는 다급하게 외쳤다.

"사랑해! 사랑한다니까! 그러니까 그만 울고 스파게티 먹으러 가자. 내가 다 잘못했어. 잘할 테니까 그만 좀 울어."

남자는 엉겁결에 소리를 질러놓고 주변을 황급히 살폈다. 사람들이 보고 있었다. 그런데 막상 이런 상황을 당해보니까 생각했던 것만큼 창피하지는 않았다.

물론 남자는 여자를 사랑한다. 함께 있으면 행복하고 결혼도 하고 싶다. 그런데 여자가 이따금 알 수 없는 근거로 '사랑하지 않는다'고 단정을 지을 때는 무엇 때문인지 정말로 모르겠다. 스파게티 때문은 아닌 것 같다.

남자는 잘못을 빌면서도 자기가 뭘 잘못했는지 알 수 없다. 이런 황당한 일을 그동안 몇 번 당했다. 여자는 이유를 물어도 속 시원하게 가르쳐주는 법이 없다.

"국물 얼큰하다. 뜨거우니까 조심하고……."

남자가 국자로 여자의 그릇에 샤부샤부 국물을 떠주었다.

여자는 마음이 국물처럼 따뜻해지는 것을 느꼈다. 행복했다. 서럽게 울고 나니까 기분이 바뀌었고, 무엇보다도 남자의 '새로운 가능성'을 발견했다는 점이 기분을 더욱 좋게 만들어주었다.

"고마워. 미안해."

남성들이 기념일이나 추억 같은 것을 기억하지 못하는 것은 시스템적 한계 때문이라는 얘기도 있다. 남성은 단순한 회로로 구성되어 감정과 이성의 영역이 잘 연결되어 있지 않다. 반면, 여성은 훨씬 고도화되어 있어서 디테일에 강하며 웬만한 기억들은 금방 떠올리는 경향이 있다.

남자가 겸연쩍은 표정으로 말했다.

"아니야. 내가 더 많이 미안하네. 남자들은 원래 좀 그래. 서로 말을 안 해도 불만이 없으면 그냥 문제없는 것이고 좋은 것이니까. 내가 좀 무심했던 것 같기도 하고……."

의구심이 잠깐 여자의 뇌리를 스쳤다. 남자가 원래 그렇게 무심한 족속이라면, 처음 만나기 시작했을 때 그토록 세심했던 배려는 또 뭐란 말인지. 얼마나 감동적이었는데……. 그 이후 점점 메말라온 남자의 변신을 떠올리자 다시 배신감이 슬며시 고개를 치켜들었다.

여자는 그러나 그 감정을 다시 눌렀다. 오늘 찾아낸 '남자의 변신 가능성'만으로도 당분간은 행복할 것 같았다. 그녀는 국물을 후 불어가며 마시다가 말했다.

"요즘 우리가 많이 엇갈린다는 생각이 들어서 슬펐어. 몸이 아프고 일도 힘들어서 예민해졌나봐."

남녀가 엇갈리며 서로에게 실망하고 좌절하는 근본적인 이유는, 서로를 자기 관점으로 바라보며 '나만 같기를' 하고 기대하기 때문이다.

여성은 사랑하는 남성이 자신에게 여자들처럼 섬세하게 대해주길 기대한다. 에두른 표현만으로도 의사소통이 충분히 이뤄질 것이라고 믿는다. 약간의 힌트만 주어도 남성이 마치 '여자처럼' 알아차릴 것이라고 생각하는 것이다. 하지만 남성은 사랑하는 여성을 의리로 맺어진 친구처럼 여겨 굳이 말 안 해도 모든 걸 이해해줄 것이라고 믿는다.

그래서 매일 똑같은 불만이 반복되고 쌓이다가, 사소한 일을 계기로 크게 부딪힌다. 두 사람은 '아무 것도 아닌 것' 때문에 대판 싸우는 한심한 커플이 되고 마는 것이다. 예를 들면 스파게티와 샤부샤부처럼.

다행인 것은, 그런 부딪힘 속에서도 사랑은 끊임없이 희망을 탐색한다는 점이다.

여자는 남자에게서 오늘, 그런 희망의 실마리를 하나 발견해냈다.

남자는 '쪽팔리는 것'을 죽는 것만큼이나 두려워했다. 남들 앞에서 스킨십은 고사하고 감정표현 한번 제대로 해본 적이 없었다. 그런 것은 '쪽팔리는 짓'이었으니까.

그런 남자가 아끼는 사람들 앞에서 "사랑해! 사랑한다니까!" 하고 당당하게 외쳐주었다. 그렇게 하고 나서도 창피해하는 기색이 없었다. 여자에겐 그것이 희망의 실마리였다. 그에게서 사랑하는 상대를 위해 자신을 변화시킬 의지가 있음을 확인했다는 것.

여자는 그런 실마리를 찾아낸 것이 이루 말할 수 없이 행복했다.

어쩌면 사랑이라는 게 원래부터 이처럼 어긋나게 설계되어 있는 것인지도 모른다고 여자는 생각했다. 한쪽이 다급하게 다가서면 다른 한쪽은 반사적으로 물러서고, 다른 한쪽의 자신감이 불타오를 때에는 이쪽이 위축되고……. 언제나 서로 똑같이 사랑할 수는 없는 것이다. 그래서 서로 다른 리듬으로 움직이면서 주거니 받거니 이어가는 게 사랑인 모양이다.

여자는 남자의 '다른 리듬'을 앞으로는 탓하지 않기로 마음먹었다. 바로 그 다른 리듬 덕분에 사랑이 이어지고 있는 것이니까.

05
결혼,
전혀 다른 세상의 발견

| 답장 | 전체답장 | 전달 | ×삭제 | 안읽음 | 스팸신고 | 이동▼ | 이메일율▼   목록 ◀이전 다음▶ 단축키🔲

☆ **지영아 힘내** ↗

보낸사람 : Song Dongmin〈dongmin@kmail.com〉
받는사람 : Song Jiyoung〈Jiyoung@namail.net〉

안녕. 지영아. 깜짝 놀랐지?

토요일 낮에 느닷없이 아빠한테 이런 이메일을 받아서.

아빠는 지금 회사에 있어. 어제 다 읽지 못한 보고서를 마저 검토하려고 나왔는데 바깥 날씨가 너무 좋아서인지 일손이 안 잡히네. 네 엄마가 김밥 싸서 공원에 소풍이라도 가자고 했을 때 따랐어야 하는 건데.

컴퓨터를 켜는데 네 생각이 나서 이렇게 이메일을 써보기로 결심했어. 어제 네가 다녀갔다는 얘기는 네 엄마한테 들었거든.

아빠는 "결혼한 걸 뼈저리게 후회한다"는 네 말을 전해 듣고는 많이 놀랐단다. 결혼식 올린 지 100일도 안 된 네가 그런 말을 했다니까 당혹스러울 수밖에.

그런데 개구리 올챙이 시절 생각 못한다고, 아빠 또한 오래 전에는 그랬다는 걸 까맣게 잊고 있었지 뭐냐?

네가 지금 힘들어하는 거, 충분히 이해한다.

혹시 네 생각을 정리하는 데 도움이 되지 않을까 하는 마음에, 두서없는 얘기들을 여기다 늘어놓아 볼까 해.

결혼한 지 30년이 넘는 구세대가 요즘의 결혼생활에 대해 왈가왈부한다는 게 마뜩치 않을 수도 있을 거야. 세상이 워낙 많이 바뀌었으니까.

아빠라기보다는, 그냥 인생 선배가 들려주는 경험담 혹은 잔소리 정도로 마음 편하게 읽어주면 좋겠다.

지영이 너로서는 믿기지 않을 테지만 엄마랑 아빠 역시, 신혼여행에서 돌아와 한 달도 채 지나지 않았을 때부터 후회하기 시작했어. 막상 결혼을 하고나니까 현실은 우리가 꿈꿨던 세계와는 영 딴판이었던 거야.

내가 기대했던 결혼생활은 소박한 것들이었어. 둘만의 서툴지만 알콩달콩한 작은 세계면 충분했지. 시고 짜고 맵고 태운 음식이라도 만들어서 함께 먹으면서 바쁘고 토라지고 싸우고 화해하는 평범한 일상.

같이 퇴근해서(그때에는 엄마도 회사에 다녔으니까) 장을 보러 가고, 친구들과 어울리기도 하고, 휴일에는 영화도 보러 다니고, 욕심을 조금 낸다면 '꿈의 마이카'를 장만해 주말에 여행을 떠나는 정도?

그런데 단순하다고 생각했던 일상을 누리기란 쉽지 않더라. 휴일에도 회사에 비상이 걸리거나 이런저런 일들이 자꾸 생기는 바람에 둘이서 알콩달콩할 수 있는 시간이 나야 말이지. 그 시절엔 토요일에도 일을 했으니까, 함께 마음껏 쉴 수 있는 건 오로지 일요일 아니면 국경일뿐이었는데 말이야. 어쨌든 그러는 사이에 우리 둘 사이에 마음의 거리가 생기고 말았어.

나는 네 엄마와 지지고 볶으면서 숱하게 다툰 뒤에야 우리의 결혼이 어디서부터 잘못됐는지 깨달았단다.

결혼의 첫발을 내딛을 때부터 우리 둘 다 바보였던 거야.

20분짜리, 남들한테 보여주는 결혼식에 매달려 전전긍긍했을 뿐, 40만 시간, 결혼식 이후의 우리 둘의 삶에 대해서는 막연하게만 '두 사람의 알콩달콩'을 동경해왔으니 그게 얼마나 바보짓이야? 그저 남들이 그렇다니까, 왜 그런지 생각도 제대로 안 해보고 형식적인 결혼 준비만 했던 것이지.

30년 넘게 많은 이의 결혼생활을 지켜본 결과, 사람들 대부분이 그런 것 같더라.

결혼을, '사랑하는 남녀가 밤에도 헤어지지 않고 연애하는 것' 정도로 생각하는 경향이 있어. 그렇게 안이한 생각을 품고 있다가, 막상 결혼이 전혀 다른 세상의 시작이라는 점을 알게 되면 허둥대기 시작하지.

　대한민국을 살아가는 젊은 연인들의 비극은, 결혼식을 올리고 나서야 결혼이 무엇인지 깨닫게 된다는 점일 거야. 그리고 그런 비극이 너희만의 잘못은 아니란다.

　지영이 네가 결혼식 이후에 겪고 있는 일련의 쇼크는 우리 사회의 구조적인 모순 때문이기도 하다는 것이 아빠의 생각이야.
　우리 사회가 그렇잖아. 이상과 현실의 괴리가 우리 사회만큼 심한 곳을 찾아보기 어려울 것 같다. 겉과 속이 다르다는 측면에서 말이야.
　우리 기성세대부터가 그렇지. 너희한테 '자유롭게 꿈을 찾으라'고 이상을 이야기하면서도, 실제로는 자기들이 원하는 쪽으로 몰아가서는 결국 의도를 관철시키고야 말아. 지영이 너나, 네 친구들이 모두 그렇게 자라났잖아. 자유가 속박당하는 젊음이란…….
　그래서 사랑과 연애가 더욱 각별할 수밖에 없을 거야. 그건 엄마 아빠가 네 나이였을 때에도 마찬가지였어.
　공부와 성공의 압박에 더해, 자율성까지 심하게 억압받아온 대한민국 젊은이들에게는 연애야말로 '내 마음대로 할 수 있는 최초의 자유'가 아닐까 싶다. 자기만의 진정성을 실현하고 싶은 로망이라고나 할까. 날로 각박해져만 가는 세상에서 마음 놓고 쉴 수 있는 마지막 도피처로서의 사랑.
　엄마 아빠도 그런 연애의 연장선이자 결승점에, 결혼이 놓여 있다고 생각했어. 결혼을 생각할 때마다, 독립해 둘이서 마음껏 행복하게 살아갈 수 있을 거라는 자신감이 마구마구 돋아나서 신이 났었지.

그런데 실제로 결혼에 골인해서 부부가 된 순간, 기성세대의 손을, 그것도 심하게 타게 되더라.

게다가 아빠도, 엄마도 구조적 모순으로부터 자유롭지 못한 인식의 괴리를 가지고 있었어. 말로는 '우리는 다르다'면서도 내심 남들의 평가에는 예민했던 것이지. 우리 사회의 가치관이 그러니까 어쩔 수 없다는 변명도 해보았지만.

결국 '내 맘대로 할 수 있는 최초의 자유'로서의 연애는, 결혼으로 갈아타면서 '남들 때문에 어쩔 수 없는 것들'을 만나 시들고 훼손되었단다. 그리고 그런 상황이 엄마와 아빠를 슬프면서도 서글프게 만들었어. 이런 감정들이 결혼 자체에 대한 후회로 이어졌던 것 아닌가 하는 결론을 내렸던 기억이 난다.

네 엄마한테도 실망했지만 남의 평가에 그토록 목숨을 거는 나의 속물근성이 죽이고 싶을 정도로 미웠어. 도대체 우리는 언제쯤이면 우리 스스로 이룬 것들에 대해, 스스로 후하게 평가하며 흡족한 웃음을 지을 수 있는 것일까 하고 고민했었지.

기성세대의 한 사람으로, 너희 세대에게 미안한 마음이 들기도 해.

지금의 결혼은 기성세대의 지배체제를 더욱 공고화하는 수단이 되어버린 게 아닌가 할 정도이기 때문이지. 취업난에 높은 집값, 과시형 결혼식 풍토가 이어지는 한, 젊은이들의 결혼을 통한 독립은 점점 요원해질 거야. 이런 세상을 만들어 놓아서 미안하다.

'양쪽 부모 무릎 위의 결혼생활' 또는 '부모 품안의 자식 가족'이 늘어만 가겠지. 힘을 가진 기성세대에 의해 젊은이들의 결혼생활은 더욱 부평초처럼 흔들릴 거야.

우리 회사 직원 중 누군가는 블로그에 이렇게 글과 그림으로 표현해 놓았더라.

결혼은 계속 흔들릴 것이다. 피도 눈물도 없는 적자생존 경쟁 제일주의가 삶을 옥죄어오는 가운데 여전히 맹위를 떨치는 가부장 시스템과, 낯선 가족 구성원에게 부과되는 수많은 의무 같은 삼각파도가 연인의 결혼에 동시다발적으로 닥친다. 이런 갈등 양상은 가족갈등(권력)이나 경제적 갈등(재화), 문화·정서적 갈등 등으로 심화된다.

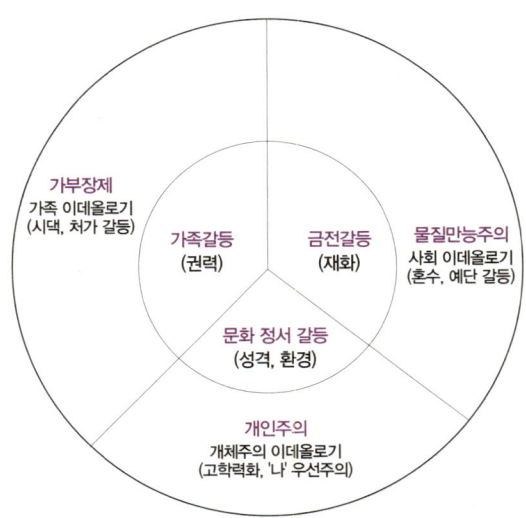

결혼 갈등의 세 가지 축

이런 가운데 미디어는 끊임없이 환상을 심어 결혼 당사자 및 주변인들의 기대치를 높여놓는다.

다정하며 능력이 넘치고, 마음을 읽어내 감동시킬 줄 아는 남편이자 아들, 사위가 화면에 넘쳐난다. 아름답고 군살 없는 몸매에 조신하면서도 섹시한, 능력은 기본에 성격까지 천사인 아내이자 며느리여야 사랑받을 자격이 있다는 이데올로기를 전파한다.

그런 이데올로기 속을 살아가는 사람들은 어떨까. 부족한 스스로에게는 너그러우면서도, 상대에겐 미디어의 환상이 빚어낸 높은 잣대를 적용하는 이율배반이 일어난다. 그래서 우리 시대의 결혼은, 시스템적 불행의 토양에서 피어나는 꽃인 셈이다.

아빠 생각에는 이 글에 다소 과장된 측면이 없지는 않지만, 어떤 측면에서는 '우리 세상의 결혼이 이렇게 보일 수도 있겠구나' 하는 생각이 들기도 한다.

어쨌든 지영아.

세상살이가 점점 힘겨워진다면, 우리는 사랑을 지켜내기 위해서라도 조금 더 현실적으로 변신해야 할 필요가 있을 것 같아.

이렇게 한번 생각해보면 어떨까. '그동안 결혼을 지나치게 신성시해왔던 것 아닐까' 하고 말이야.

모든 숭배란 일단 실망하게 되면, 숭배했던 높이에 비례하는 속도로 떨어져내려 추락해버린다는 속성을 갖고 있잖아. 순수한 사랑의 로망을 좇다가도, 돌아서서는 '남들과 비교하면 어떨까'를 고민하느니, 차라리 결혼에 대한 생각을 자유롭게 놓아주는 것이 낫지 않을까. 이럴 수도 있고 저럴 수도 있다고.

너를 위로해주고 싶은 마음에 쓰기 시작했는데, 이상하게 옆길로 새버린 것 같네.

미안하다. 내 딸아.

그런데 한 편으로는 이 글을 쓰면서, 아빠의 마음속에 복잡하게 얽혀 있던 여러 가지 생각들이 차분하게 정리되는 느낌도 든다.

혹시 '결혼생활은 꼭 어때야 한다'는 생각이 새로운 발전 가능성의 문을 닫아버리는 게 아닐까. 지금 막 떠오른 아이디어야.

신혼 무렵의 아빠가 한동안 만족을 찾아내지 못하고, 네 엄마한테 모든 잘못을 덤터기 씌웠던 걸 생각하면 얼굴이 확 달아올라. 그때는 왜 그렇게 생각이 굳어 있었던지. 사람 혹은 부부마다 환경이나 취향이 천차만별일 텐데, 터무니없이 나한테 맞춰달라고 강요만 한다면 어떻게 관계 속에서 만족을 찾아낼 수 있겠니?

그때의 엄마나 아빠는 운명적인 사랑이나 신성한 결혼 같은 것을 지나치게 신봉했던 나머지, 일종의 강박에 젖어 있었던 것 같다.

이 나이가 되어 다시 생각해보니까 결혼이란, 전혀 다른 세상을 발견한다는 의미인 것 같아.

결혼 전의 아빠는 세상을 둘로 나누어 봤어. 선과 악, 아니면 정의와 불의. 이것이 아니면 저것일 수밖에 없다고 믿었거든.

그런데 결혼을 하고 이런저런 일들을 겪으며 바늘 위에 서 있는 느낌을 받은 뒤에야 세상을 이분법으로 나눌 수 없다는 것을 알았어.

너도 요즘 집중적으로 겪고 있을 테지만, 부부간의 갈등 대부분이 '옳고 그름의 문제'가 아니잖아. 한순간 부당하게 느껴질 때도 있지만 '상대의 입장에서 보면 그럴 수도 있겠구나' 하고 납득되기도 하니까.

그러니까 결혼을 통해 우리가 성숙해진다는 의미는, 상대의 외면하고만 싶었던 부분에도 귀를 기울일 줄 아는 유연성을 갖게 된다는 뜻인 것 같아. 지겹게 느껴졌던 뻔한 잔소리나 알기조차 싫었던 주변 사람들의 생각, 다 안다고 쉽게 생각했던 것들을 꼼꼼하게 되새기면서, 우리 곁의 다양한 가능성에 귀를 기울여 보는 것 말이야.

생각나는 대로 쓰다 보니까 두서가 많이 없네. 아빠가 개떡 같이 말해도, 현명한 너라면 찰떡같이 알아들을 거라고 믿어.

오늘은 여기서 이만 줄일게. 김서방하고 화해하고 나면 연락해. 맛있는 거 같이 먹자.

주말 즐겁게 보내.

아빠가

06

사랑하므로
미안한 것이다

남자는 여자를 이해할 수 없다. 더불어 잘 되자고 하는 일인데, 뭘 어쩌라는 것인지. 짜증이 치민다.

"그래서 내가 어떻게 했으면 좋겠니? 맨날 정시 퇴근하고, 같이 저녁 먹고, 영화 보고, 수다 떨자고? 그러면 일은 누가 해줘? 언제 내 집 장만하고 성공하니?"

남자도 여자와 함께 있을 때가 가장 행복하다. 그러나 사랑하는 여자를 위해 준비해야 할 것도 있다. 남자는 여자를 지켜주고 싶은 것이다. 여자와 함께 많은 시간을 보내고 싶지만, 미래를 위해서는 그 시간을 아껴 성공을 위한 투자를 하는 쪽으로 배분해야 한다고 믿는다.

여자는 꽤 오랜 시간 동안 남자의 얘기를 가만히 들었다.

"자기가 말하는 뜻은 이해하겠는데……. 어쩐지 불안해 보여서 그래. 매일같이 야근이고, 우리 결혼하기로 한 다음부터……. 자기, 정말로 별 일 없는 거지?"

여자의 난데없는 질문에 남자의 눈이 흔들렸다.

모든 것이 잘 될 거라고 믿어왔다. 100퍼센트의 노력을 쏟아부어 왔으니까. 그런데 그녀의 입에서 '불안'이라는 단어가 나오는 순간, 누군가가 뒷덜미를 잡아 바닥에 팽개친 듯한 충격을 받았다.

그럼에도 남자는 천연덕스럽게 대답했다.

"무슨 뚱딴지같은 소리야? 내 아이디어가 이번 신상품 기획에 채택되기 일보 직전인데. 이것만 잘 되면 인센티브도 상당히 많이 나올 거야."

여자는 여전히 불만족스럽다. 남자가 속 시원하게 털어놓지 않는다는 것을, 말투나 표정을 통해 느낄 수 있다. 하지만 남자의 마음속에 정작 뭐가 있는지는 알 수 없어 답답하기만 하다. 안 좋은 일이 있다면 도와주고 싶은데.

'불안해 보인다고?'

남자는 여자와의 짧은 점심을 마치고 회사로 돌아오는 길이다. 그녀의 말이 목에 가시처럼 걸린 느낌이었다.

회사 로비로 들어서다가 아침에 들었던 어머니 말씀이 떠올랐다.

"그쪽 집에서 상견례는 언제쯤 하자고 하니? 쯧쯧. 너 정도면 훨씬 좋은 색시를 만날 수 있는데……. 왜 하필이면……."

남자는 어머니의 '너 정도면'과 '훨씬 좋은 색시'라는 의미를 짐작하기 어렵다. 어린 시절이라면 그럴 수도 있다. 대단한 남자가 될 자신이 있었으니까. 하지만 지금은 평범한 회사원일 뿐이다. 남들보다 약간 운이 좋아서 대기업에 용케 취직한.

"자기, 정말로 별 일 없는 거지?"

여자의 질문이 '열쇠'였다. 남자는 여자를 무엇으로부터 지켜주고 싶었는지 깨달았다.

불안이었다. 불안으로부터 지켜주고 싶었다. 자고 일어나면 '나를 제외한' 모든 것이 변해 있는 첨단 자본주의 시대. 한 치 앞이 보이지 않는 그 모든 위협으로부터 그녀를 지켜주고 싶었던 것이다.

엘리베이터 앞에 몰려 있던 사람들이 홍해의 기적처럼 갈라졌다. 양쪽 벽으로 바짝 붙어선 사람들이 공손하게 고개를 숙였다.

"안녕하십니까."

부회장과 임원들이었다. 점심식사를 함께 하고 들어오는 모양이었다.

남자는 그들 같은 슈퍼맨이 되어야만 했다.

사랑의 언어는 사람마다 제각각이다. 어떤 사람은 눈으로 대화하고 싶어 하며, 어떤 이는 사랑한다는 말을 자주 듣고 싶어 한다. 말보다는 안아주는 것을 좋아하는 사람도 있다. 어쨌거나 대단히 어려운 것은 아니다.

그러나 남자는 사랑이 근본적으로 '능력'에서 나온다고 믿어왔다. 능력이 있어야 사랑하는 이를 삶의 불안으로부터 지켜낼 수 있는 것이다.

이것은 아주 오래전부터 이어져 내려온 남성들의 존재방식이기도 하다. 남성들은 여성을 보호하고 좋은 환경을 제공하려는 본능을 가지고 있다. 여성은 남성의 목숨을 건 보호 속에서 자신이 소중한 존재임을 자각한다. 여성은 그런 남성을 인정해주고, 남성은 여성의 인정을 성공의 평가로 받아들인다. 여성의 행복에서 자신의 성취감을 확인하는 것이다.

남성들이 여성과의 관계에서 얻는 모든 것을, 자신의 능력으로 치환하는 속성은 이런 오랜 역사에 뿌리를 두고 있다.

"이번 신상품 기획은 박 대리 아이디어로 결정됐으니까……."

본부장의 발표에 대회의실이 떠들썩해졌다. 박수가 터져 나오고 박 대리 근처에 앉은 사람들이 일어나 악수를 청하는 등 잠시 소란이 일었다. 본부장이 기다려주었다가 다시 입을 열었다.

"최 과장은 서포트 확실히 해주고 보조 인력을 필요한 만큼 충분히 붙여줘. 부회장님 이하 전 임원 분들이 이번 기획에 대한 기대가 크니까 우리 본부가 모두 비상으로 돌입해서……."

남자는 경쟁자 박 대리의 승리를 박수로 축하해주었다. 자기 아이디어가 밀린 것은 섭섭했지만 다른 한편으로는 시원하기도 했다.

남성들은 우울할수록 감정을 더욱 숨기려고 한다. 기저에 깔린 감정을 스스로 인식하지 못할 때도 있다. 감정을 억누르는 데에만 익숙해져 있기 때문이다.

남자는 승부가 가려지고 나서야, 자기가 걸핏하면 일을 핑계 삼아 여자에게 짜증을 부렸던 이유를 알 수 있었다. 불안하고 자신이 없었던 것이다.

남성들은 속을 보여줄 수 없다. 아주 오래전부터 그랬고, 지금도 마찬가지다. 상대에게 내면의 두려움을 들키는 것이, 두려움 그 자체보다 더욱 두렵기 때문이다. 얕보일까봐.

그래서 필사적으로 강한 척을 한다. 사랑하는 여성에게는 더욱 그렇다. 남성은 좋지 않은 일이 있어도 사랑하는 여성에게 좀처럼 말하지 않는다. 잘 해결된 다음에야 무용담으로 늘어놓는다.

남성들의 '강한 척'이 괜한 짓은 아니다. 그것은 오랜 남녀관계의 산물이기도 하다. 전문가들은 대부분의 여성이 남성을 보면 3초 이내에 상대를 판단하고, 자신보다 우월한 남성에게 매력을 느낀다는 실험 결과를 내놓기도 했다.

남자는 화장실에 들어가 문을 잠갔다. 자신감이 송두리째 사라진 느낌이었다. 좀 전까지는 사람들 앞에서 쾌활한 척 연기를 했지만.

어쩌다 대기업에 입사할 수는 있었다. 그러나 언제까지 이런 일상을 반복할 수 있을까. 열심히 한다고는 하지만 윗사람들 눈에 한 번도 들어본 적이 없는, 앞날이 막막한 그저 그런 사원 중의 하나. 슈퍼맨이 되는 것은 고사하고 여기서 오랫동안 버틸 수나 있을까.

모아놓은 돈도 별로 없다. 그런 자신을, 그녀는 무엇을 보고 사랑하는 것인지 모르겠다. 어머니는 아들이 올림픽에서 금메달이라도 딴 줄 알고 예비 며느리를 벌써부터 탐탁지 않게 여긴다. 사랑하는 그녀를 최소한 어머니한테서라도 지켜줄 수 있을까.

지금 기분으로는 모든 게 회의적이었다.

남자는 한참동안 앉아 있다가 여자에게 메시지를 보냈다.

'내 기획 물 먹었다. 박 대리가 이겼어.'

여자에게 답신이 오는 데는 불과 몇 초가 걸리지 않았다.

'힘내. 그렇지만 나한테는 지금의 자기, 그대로도 충분해.'

남자는 여자의 메시지를 확인하자 울적했던 마음이 조금은 풀리는 것을 느꼈다.

'지금의 자기, 그대로도 충분하다'니……. 성공하든 실패하든 그냥 좋다는 건가. 사람 자체가.

남자는 여자의 그런 마음이 고마웠다. 안심이 되었다. 그런데…….

생각해보니까, 언제나 그랬다. 남자가 메시지를 보내면 여자는 곧바로 답신을 하곤 했다. 마치 기다리고 있었던 것처럼. 일이 한가하지는 않을 텐데도. 반면 남자는 그녀가 보낸 메시지에 즉각 답신을 주는 경우가 거의 없었다. 미루다가 바쁘면 까먹기 일쑤였다.

생각이 그 대목에 이르자 남자는 마음이 아팠다. 저녁을 함께 하면서 사과하고 싶었다.

남자는 저녁 약속을 잡기 위해 여자에게 메시지를 보내려고 했다. 그러다가 문득 그동안 전송했던 내용들이 궁금해졌다. 그래서 하나씩 열어보기 시작했다.

'갑자기 야근이다. 미안하다.'

'약속 못 지키겠어. 미안하다.'

'조금 늦겠다. 미안하다.'

'전화 온 줄 몰랐네. 미안하다.'

여자에게 정말로 잘해주고 싶었다. 하지만 그건 마음뿐이었다. 그녀의 가슴에 커다란 대못을 수없이 박아 넣는 잔인한 짓을 한 장본인은 틀림없는 자신이었다. 남자는 메시지들을 하나씩 보면서도 자기가 그런 짓을 내내 해왔다는 사실을 좀처럼 받아들이기 어려웠다.

불가사의했다. 그럼에도 불구하고 여전히 오로지 한 사람만을 생각해주는 그녀가.

남자는 여자에게 미안해서 견딜 수 없었다. 간절한 마음을 그녀에게 전하고 싶었다. 얼마나 사랑하는지, 그래서 얼마나 미안한지.

결혼은 어떤 나침반도
일찍이 항로를 발견한 적이 없는 거친 바다의 항해다
-하인리히 하이네

07

그의 어머니를 통해
사랑을 가늠하다

강에서 불어오는 바람이 선선했다. 두 사람 옆으로 휙휙 지나치는 자전거 그룹의 형형색색 옷차림을 물끄러미 보다가 여자가 물었다.

"그런데, 어머니는 어떤 분이세요?"

그 질문에 남자가 고개를 돌려 여자를 보았다. 여자는 눈이 마주치자 부드럽게 미소를 지어주었다. 남자가 보폭을 조금 더 줄이는 것을 확인할 수 있었다. 걷는 속도를 맞춰주려는 의도.

"평범한 전업주부죠. 아버지의 박봉을 쪼개서 살림을 하고 우리 형제를 대학까지 가르쳤으니까 대단한 주부라고 볼 수도 있겠네요."

여자는 남성들을 두 가지 스타일로 나눈다. 걸음걸이를 통해 남성의 성격을 파악하곤 했는데, 십중팔구 맞아떨어졌다.

하나는 자기 속도로 걸으며 여성이 따라오기를 바라는 스타일이었다. 이런 이들은 자기가 주도하겠다는 특성이 강했다. 다른 하나는 여성 쪽의 속도에 맞춰주는 스타일이었다. 이들은 대개 고집이 강하지 않고 조화를 중요하게 생각하는 경향이었다. 어느 쪽이 좋은지는 취향에 따라 다르겠지만.

눈앞에 철교 하나가 나타났다. 원래는 기차가 다니던 곳인데 자전거와 보행자 전용으로 재단장을 했다는 유명한 다리였다.

"그러니까 너희도 좋아하는 남자가 생기면, 그 사람 엄마부터 낱낱이 알아보는 게 좋아. 나처럼 고생하지 않으려면 말이지."

여자는 얼마 전에 만난 친구로부터 그런 말을 들었다. 결혼한 지 1년이 안 된 신혼인데도 산전수전을 다 겪은 듯한 관록이 엿보였다.

'희생하는 어머니' 이미지에 현혹되지 말라고 그 친구는 강조했다. 그쪽 식구들에겐 어머니의 희생이 미덕일 수 있지만, 아들과 결혼하는 며느리 입장에선 '양날의 검'과도 같다는 것.

먼저 시어머니의 아들. 희생하는 어머니 밑에서 자라나 양말을 아무데나 벗어 던지는 것은 기본이고, 집안일에는 손 하나 까딱하지 않는 것을 하늘이 허락해준 특권처럼 여긴다. 이 지경이면 결혼이 아니라 숫제 응석받이 하나를 떠맡은 꼴이 된다.

다음은 시댁 사람들. 모두가 새 식구의 희생을 자연스럽게 받아들이며, 문제 제기라도 하면 '가풍'이니 뭐니 하면서 똘똘 뭉쳐 노골적으로 희생을 강요한다. 그들에겐 그게 삶의 방식인 것이다.

"남자들은 다 똑같아. 연애할 때에는 마음에 드는 말만 쏙쏙 골라서 하고, 간이라도 빼줄 것처럼 우리한테 맞춰주려고 하지. 하지만 결혼하고 나면 슬슬 자기 모습이 드러나기 마련이거든. 그럴 때 가장 두드러지는 게 바로 어머니 취향이야."

여자는 정말 그럴 수도 있겠다고 생각했다. 옷 입는 방식이나 입맛, 감수성, 생각 등 생활 전반에 걸쳐 어머니의 영향이 구석구석 스며있을 테니까. 오랫동안 익숙해서 어머니 방식이 제일 편안할 것이다.

하지만 모든 남성은 언젠가 어머니로부터 떠나야만 한다. 떠남으로써 비로소 어른이 되는 것이다. 물론 결혼을 하고 나서도 여전히 어른이 되지 못하는 남성도 있다. 그런 사람을 일컬어 마마보이라고 한다.

"이것 보세요. 바닥에 이렇게 유리를 깔아놓았잖아요. 신기하죠?"

철교 위를 걷던 남자가 바닥에 쭈그려 앉아 소년처럼 기뻐했다. 유리 밑으로 강물이 보였다. 남자가 일어서더니 휴대폰을 꺼내들었다. 사진을 찍으려는 것 같았다.

여자는 어떻게 해야 할지 몰라 망설였다. 찍어달라는 것인지, 같이 찍자는 것인지, 찍어주겠다는 것인지. 아직은 사진을 함께 찍을 정도의 사이는 아닌 것 같은데…….

남자는 말없이 풍경을 휴대폰에 담았다. 쪽빛 강물과 파란 하늘, 그 사이에 떠 있는 사람 세상.

여자는 남자가 휴대폰으로 사진을 찍는 것을 보다가 새삼 깨닫는다. '저 휴대폰으로 통화하고 있는 것이지. 우리는.'

누군가 한쪽에서 전화를 걸어 안부를 묻는다. 그러다가 슬며시 만날 약속을 잡는다. 아직은 서로에게 조심스럽다. 죽을 것만큼 힘들었던 실연을, 그 역시 겪은 지 얼마 안 됐다는 얘기를 전해들은 적이 있다. 섣불리 다가가는 것도, 쉽게 다가오는 것도 아직은 겁이 난다.

서로에게 마음을 드러내지는 않지만, 휴대폰으로 통화를 하다 보면 여운처럼 전해지는 느낌이 있다. 여자는 통화를 끝낼 무렵 인사를 마치고 잠시 기다린다. 남자가 먼저 전화를 끊을 때까지. 그런데 남자 역시 그녀가 먼저 끊기를 확인하고 싶어 한다.

잠깐의 침묵. 그 미묘한 순간이, 여자는 행복하다.

사랑으로부터 비롯되는 결혼은, 사실 그다지 오래되지 않은 '발명품'이라고 한다. 서양을 기준으로 근대 이후에 싹튼 개념이라는 것. 그 이전까지의 결혼은 대개가 중매 혹은 정략결혼이었다. 당연히 남녀가 설혹 사랑에 빠지더라도, 조건이 맞지 않으면 결혼은 꿈도 꿀 수 없었다.

그러니까 현대를 살아가는 우리는 옛날 사람들에 비해 훨씬 행복한 것이다. 사랑하는 사람과 결혼을 하고 평생을 함께 할 수 있는 자기 선택권을 갖고 있다는 측면에서 그렇다. 지금 당연한 게, 언제나 당연했던 것은 아닌 셈이다.

남자에게 어머니를 물어본 것은, 얼마 전에 만났던 친구의 주장에 전적으로 공감하기 때문은 아니었다.

여자는 오히려 그의 어머니가 '순수하게' 궁금했다. 이야기를 들어보니까 열심히 즐겁게 살아온 분 같았다. 아무리 어려운 상황에서도 낙천적인 기질을 잃지 않는……. 그래서 그의 가정은 행복했을 것이라 짐작해볼 수 있었다.

　어느 집이든 마찬가지다. 어머니가 행복하지 않으면 집안의 어느 누구도 행복할 수 없다. 어머니야말로 집안의 '드러나지 않는' 중심이니까. 따라서 누군가를 사랑할 때, 그의 어머니가 불행하다면, 그 불행한 어머니만큼 사랑에 위협적인 존재는 없다.

　그러니 어머니를 통해 그의 사랑을 가늠해볼 수 있는 것이다.

　원래 어머니란 보답을 바라지 않는 무조건적인 사랑을 주는 유일한 존재다. 어릴 때부터 어머니에게 그런 사랑을 받고 자란 아이는, 이 세상에 계산적이지 않은 숭고한 사랑이 존재한다는 것을 안다. 그래서 두려움 없이 사랑을 주고받는다.

　반면 어머니로부터 조건 없는 사랑을 받지 못했거나, 충분히 받지 못한 아이는 감정을 주고받는 데 서툰 어른으로 자라난다. 결핍 때문에 끊임없이 사랑에 목말라하며, 아무리 받아도 만족하지 못하는 비정상적인 행태를 보이기도 한다.

　철교가 끝나는 지점. 남자가 잠깐 머뭇거리다가 입을 뗐다.

　"사실 저도 여기는 오늘이 처음입니다. 어머니가 걷기 여행을 좋아하시는데요. 여기 와보니까 좋다고, 언제 한번 가보라고 하셔서 생각난 김에 오게 된 겁니다. 어머니는 친구 분들과 부산까지 걷기 여행에 도전하시겠대요. 이 길로 계속 가면 이어진다더군요."

　"그렇군요. 어머니, 정말 행복하신 것 같아요."

　여자는 기쁘게 웃으며 이렇게 대꾸해주었다.

08

사랑을 휘두르는
보이지 않는 것들

그의 집 저녁 식사에 초대를 받은 것까지는 좋았다. 가족들은 친절했고 음식도 맛있었다. 조금 떨리기는 했지만 대화 내용도 괜찮았다. 큰 실수 없이 첫 번째 관문은 무사히 통과한 것 같았다. 무엇보다 그의 홀가분한 표정에서 '무사 합격'을 재차 확인할 수 있었다.

하지만 여자는 집으로 돌아오는 내내 속이 편하지 않았다. 뭔가가 가슴 속에 묵직하게 얹힌 것만 같았다. 긴장해서 체한 것은 아니었다. 무심결에 말실수를 한 것이 아닌지 곰곰이 되짚어 봐도 그런 기억을 떠올릴 수 없었다. 분명 잘못된 건 없었는데…….

"어땠니? 그 엄마 인상은 좋아? 식구들은 어때?"

여자는 엄마의 전화를 받고서야 눈앞이 확 뚫리는 느낌이 들었다. 속이 불편해진 이유, 그건 불안감 때문이었다. 그의 집에 들어섰을 때부터 느꼈던 이질감, 그러나 자기 방어본능에 따라 의식의 밑바닥으로 찍어 눌러 놓았던 불안감이 되살아나 마음을 장악해 들어온 것이었다.

다음날, 전화로 들리는 여자의 목소리가 어색했다. "아프냐"고 물어보아도 "그냥 바쁜 것 뿐"이라는 대답이 돌아왔다. 여자가 핑계를 대는 바람에 만날 약속을 잡을 수도 없었다. 다음날도, 그 다음날도.

남자는 집에 인사까지 드리고 나서 이상하게 변한 여자를 좀체 이해할 수 없었다.

남자는 결국 닷새 만에 여자의 회사로 찾아가 퇴근하는 그녀를 카페로 납치하는 데 성공했다. 납치 작전에는 성공했지만 여자로부터 '잠수의 동기'를 캐내는 데에는 상당한 시간이 필요했다. 남자는 여자의 해명을 듣고는 허탈한 웃음을 흘릴 수밖에 없었다.

몇 시간 동안 설득해서 들을 수 있었던 이유가 고작 '요리를 못하기 때문에 자신이 없다'는 것이라니.

어르고 달래며 "그게 무슨 의미냐"고 수차례 물었고, 여자는 돌연 울음을 터뜨렸다.

"나, 음식을 전혀 못한단 말이야. 그러니까 자기네처럼 집에서 상다리 휘어지게 생일상 차리는 건 죽었다 깨어나도 못해. 우리 집은 생일 땐 외식하고 반찬도 웬만하면 사다 먹는단 말이야."

남자는 기가 막혀 할 말을 잃었다. 그게 무슨 대단한 일이라고 걱정을 하는 것인지. 요리는 차차 배우면 되는데…….

"자기는 맏아들이잖아. 우리 결혼하면 당장 나더러 상 차리라고 할 텐데, 내가 그런 걸 어떻게 하느냐 말이야. 자기네 집은 생일이든 뭐든 집에서 한다며? 난 요리는 고사하고 집안일 같은 건 질색인데……. 그러니까 자신이 없다는 거야."

남자는 그런 것까지는 생각을 해본 적이 없었다. 사랑하면 결혼하는 것이고, 이런저런 어려움이 있더라도 헤치고 나가면 된다고 믿었다. 그런데 여자의 이야기를 들어보니까 '별 것 아닌 일'도 직접 부딪히게 되면 간단치 않을 것 같았다.

"괜찮아. 어머니가 다 알아서 하실 텐데 뭘 걱정해. 아들보다 돈을 더 잘 버는 며느리를 감히 어떻게 구박하겠어. 집안일이야 천천히 익히면 되지."

말로는 그렇게 위로를 하면서도 속으로는 걱정이 수십 계단 더 내려갔다. 생일상을 손수 차리지 못하는 며느리를, 보수적인 부모님이 과연 이해할 수 있을지 자신이 없었다. 특히 어머니는 '반찬을 사다 먹다니, 무슨 그런 집안이 다 있느냐'고 할지도 모른다.

그러나 세상엔 다양한 삶의 방식이 존재하는 것이다. 어머니처럼 살림이 취미이자 특기인 전업주부가 있는 반면, 손에 물을 묻히는 것조차 꺼리는 여성도 있는 것처럼 말이다. 어느 쪽이 옳고 바른 것인지는 함부로 판단할 수 없다. 각자의 선택에 따라, 혹은 주어진 능력에 따라 살게 되어 있는 것이니까.

남자가 내린 결론은 일단 그랬다. 하지만 어디까지나 그의 생각일 뿐이었다.

여자는 집에 돌아와 침대에 벌렁 누웠다. 이어폰을 귀에 꽂자, 그 사람이 골라준 음악이 흘러나왔다.

이 음악만 해도 그랬다. 처음 만났을 때에는 취향이 서로 얼마나 비슷한지, 얘기를 하다 깜짝 놀라며 '이런 게 바로 운명이 아닐까' 하는 생각을 종종 했다. 취향이 전부 같은 건 아니어서 때로는 정반대로 갈리는 것들도 있었지만 마음에 걸리지는 않았다. 오히려 신기할 따름이었다.

헌데 사귈 때에는 그렇게 '신기했던 것들'이, 결혼을 결심한 이후 다른 관점으로 바라보자 '감당할 수 없는 두려움'으로 다가왔다.

전에 회사 선배로부터 들은 얘기로는, 두 사람이 각자 다른 문화를 가지고 들어와, 두 개의 문화적 우주가 충돌을 일으키는 것이 결혼이라고 했다.

그렇다면 어떤 사람과 결혼을 할 경우, 그는 그 집안의 문화를 통째로 가지고 들어온다는 얘기다. 한편으로 그 사람으로 대표되는 특성의 원천이 곧 그의 집안이라고 보는 게 더욱 정확할지도 모른다.

억지로 집안일에 매달리게 될지도 모를 자신을 상상하면서, 여자의 기분은 살면서 지금까지 경험했던 그 어떤 사태보다 충분히 끔찍해졌다. 차라리 회사에서 밤샘 회의와 프레젠테이션 경쟁을 하라면 일주일에 몇 번이라도 해낼 자신이 있었다.

그녀는 결혼한 선배나 친구들이 늘 푸념을 하던 이유를 이제야 짐작할 수 있었다. 그때에는 왜 제대로 안 듣고 '행복한 투정 하고 있네'라면서 쉽사리 넘겨버렸을까.

여자는 문화와 정서야말로 '사랑을 휘두르는 보이지 않는 실체'라는 점을 깨달았다. 웬만한 커플들을 보면 정말 그렇다. 서로의 차이로 인해 불거진 문제에 대해, 양쪽 모두 자기가 정당하다고 주장하며 상대를 이해할 수 없다고 절망한다. 자기 방식만을 고집하다가 반목이 깊어진다.

무엇이 본질인지 인식하지 못하기 때문이다. '문화적 차이'는 웬만해선 눈에 들어오지 않는다. 거의가 '상대의 잘못'으로 보인다.

가령 휴일에 한낮까지 잠을 자며 게으름을 부리는 가족 문화에 젖어 있던 사람이, 그렇지 않은 환경에서 성장한 배우자를 만났다 치자. 그가 일요일 아침 일찍부터 '일어나라'는 채근을 들으면, 상대가 그렇게 하는 원인을 이해하려 들기보다는 화부터 내기 마련이다. 하지만 깨우는 사람 입장에서 생각해보면 휴일을 허송세월하는 배우자가 원망스럽기만 하다. 휴일을 보람차게 보낼 수 있는 일이 얼마나 많은데 잠으로 시간을 허비하다니.

어쨌든 여자는 지금, 자신의 사랑이 '보이지 않는 장벽'에 부딪혀 더 이상 나아갈 수 없게 되었다는 사실을 받아들여야 했다.

남자는 계단을 세 개씩 한꺼번에 뛰어올라 지하철 역 밖으로 튀어나왔다. 마주오던 누군가와 부딪힐 뻔했다. "아! 죄송합니다." 사과를 하면서도 고개를 돌릴 여유가 없었다. 밤 11시가 넘은 시간이었지만 오늘을 넘기고 싶지 않았다. 남자는 가쁜 숨을 몰아쉬며 약속 장소로 달리기 시작했다.

예전에 영어 공부를 할 때 '낙타의 등뼈를 부러뜨린 마지막 지푸라기the last straw that broke the camel's back'라는 표현을 본 적이 있다. 그까짓 지푸라기의 무게가 얼마나 된다고 낙타의 등뼈를 부러뜨릴까 싶지만, 수많은 지푸라기 중 낙타를 쓰러지게 만드는 마지막 지푸라기는 실제로 존재하는 것이다.

중요한 포인트만 잘 챙기면 만사가 오케이라고 생각하며 살아왔다. 그녀와의 사랑이나 결혼도 마찬가지라고 믿었다. 하지만 이번 일을 계기로 나의 '사소한 지푸라기'가 그녀에겐 '마지막 지푸라기'가 될 수도 있다는 인식을 하게 되었다.

앞으로 그녀와 함께 하는 삶에서 수없이 많은 인생의 지푸라기들을 만나게 될 것이다. 그 지푸라기들은 집안에 수많은 지뢰들을 수시로 깔아 놓을 수도 있다. 청소를 서로에게 떠넘기다가 집안이 엉망이 될 수도 있고, 냉장고에서 발견된 곰팡이 핀 음식물들을 놓고 책임공방을 벌일 수도 있다. 허구한 날 텔레비전 리모컨을 잃어버려 찾아 헤매다가 다툴 수도 있을 것이다.

아직 닥치지 않은 상황이지만, 그녀의 이해하기 어려운 부분까지 일단은 포용력 있게 받아들이겠다는 것이 바로 지금 남자가 여자에게 전하려는 사랑의 약속이었다. 자신의 설득에 어머니와 아버지도 조금은 마음을 움직여주었다는 기쁜 소식도 그녀에게 말하고 싶었다.

결혼은 서로의 이질성을 받아들이고 섞어가며, 둘만의 새로운 것들을 만들어나가는 과정이다. 어느 정도 충돌과 상처는 각오하는 자세가 필요하다. 그런 우여곡절을 통해 사랑하는 두 사람은 이전과 다른

'책임지는 사랑을 할 줄 아는 성인'으로 우뚝 서게 되는 것이다.

드디어 약속 장소에 도착한 남자는 길게 한숨을 내쉬었다. 뺨으로 흘러내리는 구슬땀을 손등으로 닦으면서 커피전문점 안쪽을 살펴보았다. 구석 자리에서 휴대폰에 문자를 입력하고 있는 그녀를 찾아낼 수 있었다. 남자가 어디쯤 왔는지 궁금했던 모양.

여자가 그의 눈길을 느꼈는지 고개를 들었다. 커다란 유리창을 사이에 놓고, 두 사람의 시선이 마주쳤다.

09

혹 떼려다
혹 붙이는

"뭐라고? 누나들이? 그걸 이제 얘기하면 어떡해?"

어쩔 수 없이 목소리가 뾰족하게 올라갔다. 여자는 부서 사람들의 시선을 느끼며 자리에서 일어나 휴대폰을 귀에 댄 채 비상계단 쪽으로 줄달음질쳤다. 남자의 구구절절한 변명은 귀에 들어오지도 않았다. 여자는 운명의 심술을 원망했다. 어쩐지 술술 풀리더라니, 언젠가는 이렇게 될 줄 알았다니까.

지난주에 그의 프러포즈를 받았을 때에는 그 자리에서 폴짝폴짝 뛰면서 만세라도 부르고 싶은 심정이었다. 그와 결혼해 부부가 된다는 것도 가슴 설레는 일이었지만, 가족으로부터 벗어나게 되었다는 해방감 역시 그에 못지않았다. 식구들과 원수를 진 건 아니었다. 그냥, 남들처럼 '사랑은 하지만 벗어나고 싶은 가족' 정도랄까.

조만간 양쪽 집안에 인사를 드리려고 이야기가 오가던 중이었다.

그런데 하필이면 이럴 때 그의 누나들이 전면에 등장한다는 소식이었다.

"나 인사드리러 갈 때, 누나들이 와서 얼굴이나 보겠다는 정도 아니야? 정말로 서울로 이사를 온다는 거야?"

그의 첫째 누나는 미국에 유학을 갔다가 그곳에 뿌리를 내렸고, 둘째 누나는 남편과 함께 지방에서 근무 중이라고 들었다. '누나가 둘'이라는 말에 걱정스러운 표정을 지었던 엄마도 그 얘기까지 듣고 나자 표정이 다소 풀렸었다.

"첫째 누나는 회사의 서울 지사장으로 발령을 받았대. 둘째 누나는 매형이 직장을 옮기는 바람에 이사를 온다던데. 가까운 데 집을 구하기로 서로 연락까지 했대. 어떡하지? 너희 엄마, 시누이 많은 거 엄청 싫어하신다면서······."

어떡하긴 뭘 어떡해. 여자는 자기도 모르게 계단에 털썩 주저앉고 말았다.

"나, 완전히 혹부리 영감된 거 있지? 혹 떼려다 혹 엄청 붙이게 됐어."

예상대로 엄마는 "결혼을 다시 생각해봐야 한다"는 반응이었다.

그 다음은 정해진 순서대로였다. 아빠는 엄마의 단골 메뉴 '고모들 흉보기'가 시작되자 "그만 좀 하라"며 밖으로 나갔다.

엄마가 누누이 강조해온 바에 따르면, 시누이란 원래 혼자만으론 크게 위협적인 존재가 아니다. 그러나 시어머니와 콤비로 결합되었을 때에는 '구름과 비마저 부릴 수 있는' 신통력의 소유자로 탈바꿈한다. 가족들 속을 내내 썩인 여자도 시누이라는 완장만 차면 이 세상에 둘도 없는 효녀로 둔갑해 '우리 엄마'를 챙겨댄다. 시누이가 시어머니를 챙기면, 어떤 경로를 통해서든 며느리가 그 영향을 고스란히 받게 된다.

그런데 떨어져 살며 '효녀 행세'를 해보지 못한 손위 시누이가, 그것도 둘이라면……. 여자 역시 엄마의 노이로제가 괜한 걱정은 아닐 것이라는 걸 느낄 수 있었다.

여자는 방으로 들어오자마자 이불을 머리끝까지 덮고 누웠다. 어둠 속에서 기다리던 후회가 발 언저리로부터 꾸물꾸물 올라왔다. 왜 몰랐을까.

사랑하는 사람만 생기면 그와 결혼함으로써 둘만의 자유로운 세상을 만날 수 있을 줄 알았다. 그런 것이 진짜 새 출발이니까. 그의 사랑을 확인할수록 꿈에 부풀었고, 프러포즈를 받은 이후로는 행복이 눈앞의 현실로 다가온 듯했다.

하지만 이렇게 쓰나미가 몰려와 모든 걸 휘저어 놓을 줄은 몰랐다. 그것도 사랑하는 사람 쪽에서 일으킨 쓰나미.

그가 원망스러워 눈물이 찔끔 났다. 자신이 불쌍해서 또 눈물이 났다. 왜 사람은, 사랑이라는 핑계로 상대의 가족이라는 혹까지 받아서 붙여야만 하는 것일까. 자기 가족과 부대끼는 것만으로도 때로는 많이 힘겨운데.

여자는 이제야 '즐거운 연애가 행복한 결혼을 보장하는 것은 아니다'라는 선배들의 조언을 실감할 수 있었다. 대부분의 연인이 그 둘을 같은 선상에 놓고 보다가, 결혼을 하게 되면서 충격을 받는다. 사람 관계에 익숙하지 못한 요즘 세대일수록 더욱 그렇다고 했다.

"언니! 오늘 난리가 났었다면서?"

동생이 엄마한테 들었는지, 문틈으로 고개를 내밀며 참견하려다가 그녀가 던진 베개에 정통으로 맞고는 구시렁거리며 돌아갔다.

기억이 났다. 처음 만났을 때에는 스타일이나 매너, 전부 좋아서 가슴을 콩닥거리게 했던 그 사람.

하지만 시간이 조금 흐르자 콩깍지가 벗겨지면서 전혀 다른 것들이 눈에 들어오기 시작했다. 그가 쩝쩝거리며 음식을 먹을 때에는 짜증이 났다. 참아주었다. 자세히 보니까 눈도 약간 짝짝이였다. 한쪽만 쌍꺼풀이라서 그렇다니까 그것도 용서.

그렇게 마음에 안 드는 것들을 하나씩 극복하면서 사랑이 깊어졌던 것을 여자는 되짚어냈다.

그가 신경질을 부릴 때는 울컥하다가도 애처로운 마음에 용서해주고, '내가 미쳤지' 하고 수십, 수백 번을 되뇌면서도 휴대폰 단축버튼을 누르던 손가락의 따뜻한 느낌이 생생했다.

두 사람의 사랑은, 그 사람과 나의 화해하기 어려운 차이점을 극복해가면서 함께 자라난 것이었다.

그 사람의 어떤 점이 좋은지는 확실히 알 수 없었지만, '그럼에도 불구하고 사랑스러운' 핑계를 곧 찾아낸 것, 그것이 그녀가 그를 사랑해온 방법이었다.

그러므로 이번에도, 매우 힘겹게, 사랑은 앞으로 조금씩 나아갈 것이다. 실망과 좌절을 혹처럼 주렁주렁 달고서 말이다. 그것들은 언제나 사랑을 따라다니니까.

실망이나 좌절은 사랑의 영원한 동반자이기도 하다. 사랑이 없었다면 그 사람으로 인해 실망하거나 좌절할 이유가 없었을 것이다. 또한 실망과 좌절의 아픈 경험은 사랑을 더욱 견고하게 묶어 놓기도 한다. 실망과 좌절이 사랑에 병도 주고 약도 주는 셈이다.

다만 주의해야 할 일이 있다. 실망과 좌절에 발목을 완전히 잡혀 버리는 순간, 사랑은 더 이상 사랑이 아니게 된다.

그녀는 이불 속에서 손을 뻗어 휴지를 잡아챘다. 눈물을 닦으면서 다짐했다. 혹을 붙이는 것은 싫었지만, 그 사람을 놓치는 것은 더더욱 생각하고 싶지 않았다.

'혹이 하나 더 늘면 어때. 어떻게든 살아가면 되는 거지.'

혹부리 영감 설화가 어쩌면 이렇게도 결혼의 현실과 딱 들어맞는지 모르겠다. 가족이라는 혹을 떼고 자유로워지고 싶어서 결혼을 하지만, 오히려 상대편 가족이라는 혹까지 붙는 바람에 양쪽에 혹을 붙이고 살아가야 하는 연인들의 숙명.

부르르~ 휴대폰이 울렸다. 남자였다.

"괜찮아? 어떻게 됐어?"

남자는 여자의 이야기를 듣고 나서는 이렇게 말했다.

"우리 누나들은 그런 시누이가 아니라는 말은 하지 않을게. 그래도 요령 있게 대처하다 보면 잘 적응할 수도 있을 거야. 그래. 맞다! 도깨비들 앞에서……"

"도깨비라고? 누나들이 도깨비란 말이야?"

"아니, 그렇게 생각하란 말이지. 그러니까 다음 달에 누나들을 만나면 그 앞에서 노래를 불러. 그런 다음에 혹을 누나들한테 팔면 되잖아. 너네 가족도 우리 누나들한테 갖다 붙이면 안 될까?"

푸하핫. 웃음이 터져 나왔다.

그 순간, 여자는 그 사람의 어떤 부분이 좋았던 것인지 확실하게 느낄 수 있었다.

그는 '공감할 줄 아는 사람'이었다. 차이를 구분 짓거나 따지기를 좋아하는 여느 남성들과는 달랐다. 그는 자기와 다른 것에 대해 가급적이면 이해하고 수용하려는 자세를 가지고 있었다. 그러면서도 동감을 바라는 그녀의 요구에는 한 걸음 물러서는 차이점을 보여주기도 했다.

동감과 공감이 어떻게 다른 것인지는 나중에 알게 되었다. '동감sympathy'은 상대와 똑같이 느끼는 것인 반면, '공감empathy'은 상대를 이해하는 것이라고 한다. 여자는 그에게 '자신처럼 생각해주기'를 원했지만, 돌이켜 보면 그것은 현실에서 가능하지 않은 일들이었다.

다른 처지임에도 불구하고 상대의 마음을 이해해줄 수 있다면, 공감할 수 있다면, 그것으로도 사랑과 행복을 함께 할 충분한 자질이 있는 것이다. 특히 요즘처럼 자기밖에 모르는 남자들이 대거 쏟아지는 세상에서는.

"지금부터 열심히 노래 연습해야겠어. 내일 같이 저녁 먹고 노래방에 갈까?"

여자는 이 사람과 함께라면, 앞으로의 일을 너무 걱정할 필요가 없을 것 같다는 생각이 들었다.

10

바람둥이와
여자의 육감

 남자는 그 여자를 볼 때마다 애가 타서 입으로 검은 연기를 뿜어낼 것만 같았다. 특히 여자가 그 녀석과 휴게실 같은 데서 어울리는 모습이 눈에 들어오기라도 하면 숨이 막히고 얼굴이 달아오르며 진땀이 나기도 했다.

 그녀가 자기에게 그다지 관심이 없다는 것을, 그는 알고 있다. 이름이나 제대로 기억하려나. 그래도 상관없다. 어떤 사람을 만나도 좋다. 그녀가 행복하다면.

 하지만 그 녀석만은 아니다. 놈은 결코 좋은 인간이 아니기 때문이다. 남자는 완곡하지만 확실하게 그런 뜻을 여자에게 전하기도 했다. 여자가 고개를 끄덕이는 모습을 확인하고는 얼마나 안심했던지. 그녀에게 도움을 줄 수 있어 얼마나 기뻤던지.

 하지만 기쁨이 산산조각 나는 데에는 많은 시간이 걸리지 않았다.

그는 회사 구내식당이나 휴게실, 복도 등에서 그 녀석과 웃고 있는 그녀의 모습을 금세 발견할 수 있었다.

"남자들은 원래 조금씩은 바람둥이 기질을 가지고 있잖아요. 김 대리님은 인기 있으니까 사람들이 공연히 소문을 만들어내는 것이겠죠."

남자가 다시 한 번 이야기했을 때, 여자는 정색을 하며 그놈의 편을 들어주었다. 그 몇 마디가 남자를 나락으로 떨어뜨리고 말았다. 비록 짝사랑이지만, 어떻게든 그녀를 지켜주고 싶었는데…….

그녀의 말대로 남성이란 원래 그렇게 만들어진 종족인지도 모른다. 동물적 본능만을 본다면 말이다. 그래서 어떤 사람들은 '인간은 동물적 본능을 이성의 힘으로 누를 수 있기 때문에 지금과 같은 가족 시스템이 만들어지고 유지되는 것'이라고 주장하기도 한다.

하지만 남자는 그런 주장에 부분적으로만 동의한다. 그가 보아온 바람둥이 중에는 김 대리처럼 석사 학위 이상인 고학력자가 한둘이 아니다. 공부를 많이 했음에도 '이성적이지는 못한' 바람둥이가 최근에야 돌연변이처럼 등장한 것은 아닐 터였다. 사람들은 대부분 바람둥이의 '바람'과 보통 남성의 '변덕'을 혼동하고 있었다. 바람둥이에 대한 생각은 남녀 간에도 차이가 있다. 남성들은 '육체'를 기준으로 보는 반면, 여성들은 '마음'을 우선시한다.

'벌써 예약을 해놨다니까. 금요일 저녁 때 출발해서 토요일에 일

출도 보고 생선회도 좀 먹고 돌아오면 좋잖아.'

여자는 오전 내내 김 대리의 메시지를 받았다. 한 달 전부터 함께 여행을 가자더니 이번에는 더 이상 미룰 수 없다며 호텔이며 식당 예약까지 마쳤다는 것이었다. 여자는 일관되게 여러 가지 이유를 들어 거절을 했다. 하지만 김 대리는 지치지도 않고 끊임없이 졸라댄다. 어린애 같아서 귀엽다는 생각도 든다.

처음 그가 호감을 드러냈을 때에는, 그녀 스스로도 믿어지지 않았다. 현실감이 느껴지지 않았던 것이다. '여사원들의 로망'인 훈남이 왜 하필이면 정규직도 아닌 자신에게 접근하느냐 말이다.

'바람둥이'라는 경고를 듣고는 한동안 피하기도 했다. 하지만 무시하고 냉대할수록 더욱 부드럽게 다가서는 그의 모습을 보면서, 진심 외에는 다른 동기가 없다는 확신이 들게 되었다. 여자는 비로소 그의 마음을 조금씩 받아들이기 시작했다.

몇몇 여직원이 노골적으로 질투심을 드러내는 바람에 곤란한 일을 겪기도 했지만 '신데렐라가 이런 기분이었겠구나' 하는 생각으로 느긋하게 버틸 수 있었다. 최고의 남성으로부터 사랑을 받는다는 것. 그것은 웬만한 상처에도 눈 하나 깜짝하지 않을 만큼 내면을 단단하게 해주는 일종의 마법과도 같았다. 여자는 그의 메시지를 다시 보면서 망설였다.

'어떡하지? 여행, 간다고 할까?'

"바람둥이는 '사랑'이라고 주장하겠지만, 그건 사랑이 아니라 '수

집'이라고! 그놈이 당신한테 열광하는 건 수집하고 싶어서일 뿐이야. 그러니까 정신 좀 차려. 제발!"

남자는, 생각 같아서는 여자에게 달려가 어깨를 잡고 흔들며 그렇게 고함이라도 치고 싶다. 바람둥이들에게선 '우표를 모으는 괴짜 소년' 이미지가 떠오른다. 희귀 우표를 어렵사리 구해 스크랩북에 넣고는, 더 이상 그것에는 눈길도 주지 않는 이상한 소년이랄까. 여성을 우표에 비유할 순 없지만, 바람둥이의 강렬한 추구는 그런 소년만큼이나 맹목적이다.

바람둥이가 여성들의 눈을 멀게 하는 수단은 '열광'이다. 거절을 당할수록 더욱 열광해 다가간다. 보통 남성들은 상상도 할 수 없을 정도로, 바람둥이의 여자에 대한 열광은 집요하고 끈질기다.

그런데 여성들은 그런 열광을 '오로지 당신만을 사랑한다'는 순수한 다짐으로 해석한다. 100번이 아니라 천만 번이라도 찍겠다는 각오로 보는 것이다. 그런 오해가 마음의 문을 열어젖히는 순간, 바람둥이는 수집물을 스크랩북에 넣고 뚜껑을 덮는다. 그런 다음 아무 일도 없었다는 듯이 새로운 수집 대상을 향해 시선을 돌린다.

진짜 바람둥이는, 틈만 나면 다른 이성에 눈을 돌리고 가끔은 배신도 해보는 '단순 변덕쟁이'와 차원이 다르다. 변덕쟁이들은 사람들 눈치도 보고 양심의 가책도 느끼며, 특히 거절을 당하고 나면 의기소침해진다. 변덕을 부리면서도 기본적으로는 자기 여자와 가족을 지키는 삶을 우선시한다. 책임감이 먼저인 것이다.

하지만 바람둥이에게는 그럴 일이 없다. 끊임없는 수집, 그 자체가 목적이다. 그들이 설령 결혼을 하더라도, 그것이 정착을 의미하는 것은 아니다.

바람둥이는 환경이나 도덕, 교육 등의 결핍으로 만들어지는 게 아니라, 유전적으로 타고난 결과라는 분석도 있다. 서구 과학자들에 따르면 바람둥이는 변이 유전자를 물려받는 바람에 '바소프레신'이라는 성 호르몬이 부족하다는 것.

이 호르몬은 연인과의 유대감을 오랫동안 이어가는 데 핵심적인 역할을 하는 것으로 알려져 있다. 바소프레신은 초기의 격정적인 사랑이 다소 식더라도, 남성으로 하여금 관계에 대한 의무감 또는 헌신성을 발휘해 좋은 남편으로서의 역할을 지속하게 해준다.

반면 바람둥이에게는 이 바소프레신이라는 것이 부족하므로 새롭고 낯선 욕망만을 끊임없이 추구할 수밖에 없다는 것이다. 자기 여자나 가족에 대한 책임보다 새로운 수집 목표가 더 중요한 셈이다.

그래서 바람둥이의 생활에는 '터무니'가 없다. 한 곳에 터를 잡고 그곳에서 자신이 사는 무늬를 만들어가는 것이 터무니다. 그런데 바람둥이는 어디에도 정착하지 못하므로 문화를 만들어갈 수가 없다.

"이쪽이 동해잖아. 호텔은 이쯤에 있어. 내가 예약한 건 스위트룸인데……."

여자가 자기 의사를 밝히기도 전에 김 대리가 얼굴 표정을 통해 그녀의 의지를 읽어냈다.

메모지에 그림까지 그려가며 자세하게 설명을 해주었다. 한밤의

라디오에서 나오는 듯한 감미로운 목소리. 펜을 쥔 손가락은 어쩌면 이리도 가지런한지, 여자는 벌써부터 둘만의 여행을 떠나는 것처럼 가슴이 두근거리는 것을 느꼈다.

"여기 객실에서 보면 새벽 바다가 그렇게 아름다울 수 없다고 해. 자쿠지 욕조가 있어서 거품 목욕도 할 수 있고……. 호텔에서 5분 거리에 싱싱한 생선만 취급하는 횟집이 있는데 여기도 벌써 예약을 했고……."

이 대목에서, 여자는 자기도 모르게 엉뚱한 질문을 던지고 말았다.
"어떻게 그렇게 잘 아세요?"

왜 그랬는지 알 수 없었다. 내면의 무엇인가가 자기 마음대로 뛰쳐나간 모양이었다. 위화감을 느꼈는지도 모른다. 꼭 그렇게 해야만 한다고 마음속 어딘가에서 지시를 내렸을 수도 있다.

그런데 남자는 표정도 바꾸지 않고 천연덕스럽게 대답했다.
"어떻게 알긴……. 인터넷 검색해보면 다 있는데 뭘."

하지만 여자의 감정탐지 기능은 그 짧은 순간에도 수많은 정보를 감지해냈다. 감정탐지기가 읽어낸 정보는 그녀에게 '이상 있음'의 형태로 위험 신호를 전해주었다. 남자는 분명히 거짓말을 하고 있었다. 전에도 여러 번 그곳에 가본 적이 있을 것이다. 아마도 다른 여자와.

직관은 우리의 생각보다 빠르다. 위험의 예고를 느낌으로 전해준다. 불길한 기운이나 좋지 않은 예감 같은 것들을 느끼게 해줌으로써 불확실성 속에서 위험을 감지하도록 힌트를 주는 것이다.

그녀는 남자로부터 어떤 거짓의 신호들을 포착했는지, 스스로도 정확하게 짚어내 열거할 수 없다. 그가 말하는 내용과 목소리의 톤이 일치하지 않았을 수도 있고, 잠시 머뭇거렸을 때의 분위기가 평소와 달랐을 수도 있다. 아니면 눈 주변이 색다르게 움직였을 가능성도 있다.

"아, 그렇군요."

여자는 겉으로는 수긍하는 척했지만, 내면의 위험 신호가 점점 강해지는 것을 느꼈다. 여성들은 남성들에 비해 '감'이 좋다. 감이 좋다는 것은 의식과 무의식간의 소통이 잘 된다는 것을 의미한다. 마음속에서 번뜩였던 것을 놓치지 않고 그것에 계속 귀를 기울인다는 뜻이다.

감정탐지 기능은 여성들이 아주 오래 전부터 갖고 있었던 오랜 본능이다. 다른 이의 생각이나 느낌에 민감하며 아주 작은 변화만으로도 상대의 마음을 꿰뚫어본다. 특히 남성의 거짓말을 알아채는 데는 백발백중이다.

냉정해진 여자의 눈에 앞자리의 남자가 낯설게 들어오기 시작했다. 의심 회로가 본격적으로 작동하기 시작한 것이다. 남자의 꿈결 같은 여행 계획을 대충 들어주면서 여자는 다른 생각을 하기 시작했다.

'역시 이 사람은 믿을 수 없어. 그 대리님 말이 맞았던 거야. 그런데 그 대리님, 이름이 뭐였더라.'

II

불행한 사람들을
곁에 둔 죄

그는 '나쁜 남자'였다. 만날 바쁘다며 아무렇지도 않게 약속을 어겼다. 먼저 연락해오는 일 같은 것은 없었다. 데이트 계획도 언제나 여자가 세웠고, 생일이라고 하면 성의 없는 선물을 툭 던져주는 게 전부였다. 여자가 헌신할수록 그는 여자를 헌신짝처럼 여겼다.

여자는 그래도 그를 포기하지 않았다. '쉽지 않은 남자' 혹은 '길들여지지 않는 남자'에 대한 동경이었을 수도 있다. 언젠가는 그로부터 프러포즈를 받음으로써 "아무도 길들이지 못한 남자를 내가 무릎 꿇렸다"면서 자기만족을 느끼고 싶었는지도 모른다.

그게 아니라면 '못됐지만 사랑하는 여자에게만은 그지없이 다정다감한 남자'라는 양쪽 극단을 동시에 가져보겠다는 헛된 꿈이라도 좋았다. 여자는 이유가 뭐가 됐든, 남자가 사랑스러웠다. 그의 '나쁨' 뒤에 뭔지는 모르지만 그녀를 잡아끄는 순수한 매력이 있는 것 같왔다.

  시간의 힘 앞에는 누구도 버틸 수 없다는 말이 맞았다. 물론 그녀는 사랑의 힘이 시간의 힘보다 더욱 강했다고 믿는다. 남자는 그녀의 손에 잡혀 조금씩 끌려오기 시작했다. 저항이 약해지더니 마지못해, 혹은 고분고분 여자가 원하는 대로 따라오는 것이었다. 그 즈음 여자는 처음으로 느꼈다.

  '이 남자는 혹시 나쁜 남자라기보다는, 사랑을 표현하는 것 자체를 두려워했던 것이 아닐까.'

  하지만 여자가 방심을 하기라도 하면 어떻게 눈치를 챘는지, 남자는 저만큼 멀리 도망가서 그녀의 마음 따위는 아랑곳하지 않는다는 듯 제멋대로 행동하곤 했다.

  여자는 이때마다 인내심을 발휘해 그가 다시 다가오기를 기다렸다. 남자가 고개를 내밀면, 슬며시 팔짱을 끼듯 그를 붙잡아 원래 있던 곳으로 데려오곤 했다. 그런 과정이 꽤 오랜 시간 동안 반복되었고, 여자는 이제 그의 옆에 나란히 서게 된 스스로에게 보람을 느꼈다.

  두 사람 사이에 '결혼' 이야기가 나오면서부터, 관계의 주도권이 여자 쪽으로 넘어왔다. 남자는 뜨뜻미지근한 반응과 핑계를 번갈아 내밀다가 마지못해 그녀를 초대해 가족들에게 인사시키기로 했다.

  그의 가족은 친절한 사람들이었다. 부모님과 형 내외, 여동생 부부, 모두가 화기애애했고 재치가 넘쳤다. 여자는 그들 틈에서 농담을 주고받는 남자를 보면서 강한 의문이 머릿속에서 맴도는 것을 느꼈다.

집에서는 저토록 살가운 사람이 왜 밖에서는 나쁜 남자 행세를 하는 것인지. 또한 이렇게 화목한 가족 얘기를, 그녀에게는 왜 한 번도 해본 적이 없는지. 여자가 그의 가족에 대해 물을 때면 들은 척도 하지 않고 딴소리를 했던 것이 여러 번이었다.

"식구들……. 보니까 부럽더라. 모두가 너무 다정한 거 있지? 나, 감동받았어."

가족 모임이 끝난 뒤 둘이 카페에 마주앉았을 때 여자가 흥분을 감추지 못하고 그에게 말했다.

남자가 퉁명스럽게 말했다.

"네가 몰라서 그래."

여자는 그게 무슨 뜻인지 이해할 수 없었다. 그들이 앉은 자리의 바로 위에 스피커가 있었다. 스피커에서는 얼마 전에 둘이서 봤던 영화의 주제음악이 흘러나오고 있었다.

남자는 음악이 바뀐 후에야 망설인 끝에 다시 입을 열었다.

"어른들이 자주 하는 말 중에 '열 손가락 깨물어 안 아픈 손가락 없다'는 말이 있지? 자식들이 편애를 항의할 때면 그렇게들 대답하잖아? 맞는 말이지. 그런데 그건 본질을 절묘하게 흐리는 말이기도 해. 내 생각에 진실은 '더 아픈 손가락이 있고 덜 아픈 손가락도 있다' 쯤이 아닐까 싶어. 부모도 사람인데 더 마음에 드는 자식이 있는가 하면, 뭘 해도 마음에 안 드는 자식도 있는 것이겠지."

남자는 각별한 관심을 가지고 공부를 한 뒤에야 자신이 '가족의 속죄양' 역할을 해왔다는 것을 뒤늦게 알게 됐다고 말했다.

'나쁜 남자'는 그의 '선택'이었다. 그는 사랑에 빠질까봐 두려워서 스스로를 지켜내기 위해 고슴도치처럼 가시를 둘렀다. 다가오는 쪽이 그것에 찔려 스스로 물러나도록.
 남자에게는 누군가를 사랑하고 가정을 꾸려 행복하게 살아갈 자신이 없었던 것이다.
 여자는 그의 상처가 오히려 완강하게 잠긴 마음을 여는 열쇠라는 것을 깨달았다. 그의 상처를 통과해야만 그의 마음속으로 들어가 볼 수 있는 것이다. 그가 상처를 보여주었을 때에만.
 '이해받는 것'과 '읽히는 것' 사이에는 미세한 차이가 있다. 누구나 이해받고 싶지, 읽히기를 원하지는 않는다. 설령 사랑하는 사람에게라도.
 남자는 타인에게 읽히는 것이 두려워 이해받는 것까지 포기한 쪽이었다. 그래서 어느 누구한테도 속마음은 물론 감정도 드러내지 않았다. 또한 약한 모습을 보이지 않으려고 무던히도 애를 쓰면서 살아왔다. 속을 읽히거나 못난 모습을 보일 경우, 누군가의 의도가 그런 약한 고리를 타고 들어온다는 경험을 여러 차례 해보았기 때문이다.
 영향력을 행사하고 싶은 사람들은 언제나 남의 일에 관심이 많으며, 특히 약점을 눈여겨보는 경향이 있다. 남자의 가족이 그랬다. 밖에서 얼핏 보았을 때에는 그지없이 화목한 사람들, 그러나 조금만 깊이 들어가면…….

 우리가 사랑하는 이의 어린 시절에 관심을 갖는 것은, 그를 이해하기 위한 키워드를 찾으려는 일종의 탐색이다. 그런 키워드에는 언제나 가족이 한 묶음으로 붙어 있다.

 가족만큼 불가사의한 구성체가 없다. 서로 아끼고 사랑하면서도 한편으로는 평생에 걸쳐 아픔을 곱씹을만한 상처를 주고받는다. 가족으로부터 받은 상처가 덧나면 고질이 된다. 스스로를 수치스러운 존재로 인식하는 동시에, '나에겐 불행이 당연하고 영원히 불행에서 헤어날 수 없을 것'이라는 절망 속으로 자신을 밀어 넣는다.

 남자의 어머니는 그를 임신했을 때, 남편이 배신했다는 것을 알았다. 어머니는 분노를 속으로 갈무리한 채 겉으로는 평온해 보이는 일상을 살았다.

 아이는 산모의 스트레스를 고스란히 넘겨받은 모습으로 태어났다. 표준 체중에도 훨씬 못 미치는 앙상한 몸에 빽빽 울어대기만 하는 신경질까지. 산모는 그런 아이에게 눈길을 주는 것조차 싫어했다. 보다 못한 할아버지와 할머니가 '산모의 건강이 좋지 않다'는 명분을 내세워 아이를 데려다 키웠다.

 남자는 학교에 들어갈 나이가 되어서야 집으로 돌아왔다. 할아버지와 할머니를 사실상의 부모로 여기며 살아왔던 그로선 '어쩌다 한 번씩 놀러왔던' 부모와 형, 새로운 여동생이 낯설기만 했다.

 어머니의 입장에서는 돌아온 둘째 아들이 못마땅하고 미웠을 것이다. 오자마자 형과 싸우고 여동생을 울린 못된 녀석. 기억을 거슬러 올라갈수록 노여움이 커졌을지도 모른다. 할머니 뒤에 숨어 모처럼 찾아온 엄마를 경계의 눈초리로 보던 녀석.

태어났을 때에는 얼마나 못생기고 약해빠졌는지, 어쩌다 저런 것을 낳아놓았는지, 아니, 근본적으로 녀석만 아니었다면, 그때 저 아이만 생기지 않았더라면 모든 것을 훌훌 털고 새로운 삶을 살 수도 있었을 텐데……

남자는 어머니가 왜 자기 잘못에만 그토록 예민하게 반응하는지, 왜 매질을 할 때면 더 많은 힘이 실리는 듯 느껴지는지 이유를 알 수 없었다. 하지만 어머니의 그런 행동을 감지할수록 어머니에게 매달렸고 관심과 사랑을 얻어 보려고 발버둥을 쳤다. 어머니는 그런 둘째 아들이 더욱 싫었을 것이다. 점점 남편을 닮아가는 얼굴도.

아버지는 아내가 둘째를 분풀이 상대로 삼은 것을 알아차렸지만 내버려두었다. 매사에 불만이 많아진데다 신경질적으로 변한 아내가 화살을 자신에게 돌리지 않는 것만 해도 다행이라고 생각했다.

더구나 둘째가 돌아온 이후로는 부부싸움의 횟수가 눈에 띄게 줄어들었다. 아내의 편을 들어 둘째를 혼내는 과정에서 부부간에 유대감까지 느꼈을 것이다. 불쌍하다는 생각이 전혀 없었던 것은 아니었을 테지만 가정의 평안을 위해서라면 어쩔 수 없다고 받아들였을지도 모른다.

남자는 밖에서는 반항아였으나 집에 있을 때면 주눅이 들었다. 가족 모두가 서로에 대한 불만과 분노를 풀어내기 위해 그를 속죄양으로 삼았다. '속죄양scapegoat'이란 다른 이가 저지른 일의 책임을 대신 뒤집어쓰는 사람을 상징하는 말로 '죄에서 벗어난다'는 뜻의 'escape'와 '염소'의 'goat'가 합쳐진 말이다.

그에게 모든 잘못을 떠넘김으로써 그의 가족들이 얻은 것은 '겉만 번지르르한 평화'였다.

여기까지가 심리학을 공부한 남자의 자체 분석이었다.

"각자가 불행 속에서 살아남으려고 애를 썼던 것이지. 그게 우리 가족의 생존 방식이었을 뿐이야. 부모의 불화에서 비롯된 불행에서 조금이나마 멀리 떨어져 보려고……. 속죄양을 통해서 모든 게 잘되고 있다며 안정을 누리고 싶었을 거야. 세상에는 그런 가족도 있는 거야."

남자는 남의 일을 전하는 것 마냥 담담한 목소리로 말했다. 여자는 그 목소리의 깊이를 차마 짐작할 수 없었다. 얼마나 깊은 상처를 입었으면, 그 상처를 혼자 보듬으며 얼마나 아팠으면, 얼마나 외로웠으면, 얼마나 힘들었으면 저토록 초연해질 수 있는 것일까. 다른 사람들도 아닌, 가족인데.

그를 속죄양으로 삼은 이상, 남은 식구들 역시 서로 아끼고 사랑하며 행복한 가족을 이뤄낼 수 없었다.

속죄양을 만든 것은 그들에게도 비극이었다. 누군가를 희생시켰다는 것 자체가, 문제의 본질에 접근하는 게 아니라, 다른 이에게 책임을 전가시킨 채 덮어버린다는 의미이기도 하니까.

하지만 그 비극은 불행한 사건을 자꾸 불러들이고 괴로워하며 또 다른 희생을 속죄양에게 덮어씌우는 악순환에 빠진다. 근본적인 잘못을 바로잡을 생각을 하지 않으니까. 또한 언젠가는 자기 또한 속죄양이 될 수도 있다는 불안으로부터 자유로울 수 없으니까.

이제는 남자가 사회적 성공을 통해 가족 안에서도 강자가 됨으로써, 그들 가운데 어느 누구도 함부로 대할 수 없는 상태가 되었다. 남자는 '거절의 힘'을 새로이 인식했다. 당치 않은 요구에는 단호하게 거절할 수 있게 된 것이다.

형과 여동생은 그의 눈치를 살피는 동시에, 부모의 틈에 서로를 밀어 넣으려고 치밀한 탐색전을 벌이는 중이다. 어머니와 아버지는 그들대로 자식들에게서 어떤 실익을 얻을 것인지를 각각의 관점에서 궁리하고 있다.

그것이 여자가 저녁 식사를 함께 하면서 느꼈던 화목함으로 가장된 실체였다. 겉으로는 화목한 분위기를 연출하지만 속으로는 서로를 넘보며 열심히 계산을 하는 가족. 누군가를 불행에 빠뜨림으로써 자기가 달아날 시간을 벌어야만 하는 서글픈 눈치 보기.

남자가 긴 한숨을 쉬고는 말했다.

"생각해보면, 불행은 큰 죄야. 자기 인생을 제대로 살지 못한 불행을 가까이 있는 다른 사람한테로 전가시키잖아. 남들까지 불행하게 만들면서도 그게 자기 잘못이라는 인식이 없으니까 중죄 중의 중죄지. 그러면 불행한 가족 틈에서 살고 있는 나 역시 계속 죄를 짓고 있는 것일까?"

여자는 숨이 막힐 것 같았다. 그의 질문에 뭐라고 대답해야 할지 생각이 나지 않았다. 답답했고, 화가 났고, 슬펐고, 무서웠다.

'나쁜 남자'를 견뎌내면서도 충만했던 자신감이, 장마철 소독차가 뿌려댄 연무처럼 삽시간에 걷혀버렸다. 결혼을 하면, 그런 가족을 과연 감당해낼 수 있을까. 그런 가족에게 또 다른 속죄양이 되지 않을 수 있을까.

여자는 그의 눈을 마주 보았다. 남자의 '나쁨'에도 불구하고 헤어지지 못했던 이유를, 여자는 지금 그의 눈동자 속에서 찾아냈다. 절대로 악할 수가 없는 눈.

어렸을 때 키워주었다는 할아버지와 할머니의 선물일까. 너만은 제대로 된 인생을 살라고?

누군가가 커다란 바늘로 찌른 것처럼 가슴 한쪽이 아파왔다. 남자의 눈가가 촉촉하게 젖어 있는 게 보였다. 여자는 그가 불쌍해서 견딜 수가 없었다.

남녀 모두 자신이 정말 바보라는 사실을 깨닫기 전까지는 세상에 두려울 것이 없다.
자신이 얼마나 보잘것없는 사람인지 빨리 깨달을수록 유리하다.
그래야만 마음을 열고 더 많은 사람을 만날 시간을 확보할 수 있다.
-멜번

12

왜 피곤할 때 만나면
싸우게 되는 걸까

"유니폼 갈아입을 때 보니까, 나랑 똑같은 걸 색깔만 다르게 구해서 입은 것 있지? 얼마나 기가 막히던지. 따라쟁이 주제에 잘난 척까지 하는데, 웃음 참느라 혼이 났다니까. 어떻게 분홍색이 자기한테 맞는다고 생각하는지 모르겠어. 더 뚱뚱해 보인다는 걸 왜 모를까? 안 그래, 오빠?"

여자의 기습적인 질문에 남자가 화들짝 놀랐다.

"응? 아……. 그래. 맞아."

대답과 동시에 남자의 눈은 다시 휴대폰 화면으로 향했다. 여자는 냉큼 남자의 휴대폰을 낚아채 화면을 확인했다. 짐작대로 게임이었다. 여자는 화가 치밀어 귀까지 달아오르는 것을 느꼈다.

"이게 뭐야? 지금까지 내 말 하나도 안 들었지? 게임이나 할 거였으면 오늘 왜 만나자고 했어?"

"나는 분기 마감 때문에 바빴고, 오빠는 새 프로젝트 때문에 내내 야근을 했거든. 그래서 보름 만에 간신히 만난 건데, 휴대폰으로 게임이나 하고 있으니 내가 기분이 어땠겠어?"

친구가 여자의 이야기에 고개를 끄덕이다가 말했다.

"두 사람 다 피곤했겠구나. 커플이 피곤한 상태에서 만나면 싸울 가능성이 더 높아진다더라. 얼마 전에 책에서 본 내용인데, 사람은 스트레스를 받으면 코르티솔이라는 호르몬을 분비하게 된대. 그러면 별일 아닌 것 가지고도 감정이 상할 가능성이 높아진다는 거야. 그런데……."

친구의 말로는 남성과 여성의 스트레스 양상이 서로 다르다는 것이었다. 그것도 매우 절묘하게 달라서 오해와 갈등을 더욱 부추기게 된다고 한다.

여성은 스트레스를 받으면 세로토닌(기분을 좋게 해주는 역할)이 고갈된다. 뭔가를 더 할 수는 있지만 기분은 나빠지는 셈. 반면 남성은 도파민(동기를 부여해주는 역할)이 바닥난다. 축 늘어져서 게임이나 하게 되는 이유다.

여성은 대화를 통해 관심을 주고받기를 원한다. 대화가 스트레스 해소책인 셈이다. 여성의 수다는 '배려와 사랑의 호르몬'으로 불리는 옥시토신을 불러내 스트레스를 날려버린다. 하지만 남성은 의욕 없이 앉아 있거나 컴퓨터 게임, 친구들과의 내기 같은 것을 원한다. 그렇게 하면 '경쟁과 욕망의 호르몬'으로 불리는 테스토스테론이 나와 스트레스가 풀린다.

하지만 대부분의 커플은 이런 차이를 인식하지 못한 채 자기 방식을 상대에게 요구한다. 그 결과 스트레스가 서로에 대한 해묵은 감정을 자꾸 들추는 계기로 작용한다.

"여성은 대화로 풀려고 자꾸 말을 거는데, 남성은 그게 귀찮을 뿐이거든. 남성 입장에서는 스트레스를 풀기 위해 그냥 혼자 있거나 짜릿한 경쟁 혹은 승부를 겨루는 것을 원하지만, 이성 친구에게 그런 걸 바라기는 쉽지 않겠지."

여자가 불만스럽다는 투로 친구에게 물었다.

"그러면 방법이 전혀 없다는 거야? 스트레스 받았을 때에는 안 만나는 게 좋은 거야?"

친구가 깔깔 웃으면서 대답했다.

"그러니까 때로는 이성 친구보다 동성 친구가 더 필요할 때가 있는 거잖아. 그렇다고 방법이 전혀 없는 건 아닌데, 상당한 인내심을 필요로 한다더라. 환상의 커플들이나 그렇게 할 수 있다나? 그게 뭐냐면……. 남성이 기운을 차릴 때까지 충분히 기다려준 다음에 이야기를 꺼내는 거래. 그렇지만 스트레스 받아 미칠 지경인데 그렇게 하기가 쉬운 건 아니겠지."

여자는 '환상의 커플'에 도전해보고 싶었다. 친구의 말대로 인내심이 바닥을 드러내기 직전까지 꾹 참으며 실천해보았다. 남자가 게임에 빠져도 내버려둔 채 인터넷 서핑을 하거나 카페에 앉아 있는 다른 사람들을 구경했다.

의외로 많은 커플이 함께 앉아서도 각자의 시간을 즐기는 게 눈에 들어왔다. 많은 이들이 이미 그렇게 하고 있는 것이었다.

남자에게 충분한 시간을 주자, 게임에 질렸는지 현실 세계로 돌아왔다. 여자는 오랫동안 묵혀놓은 이야기보따리를 풀어놓았다. 그런데 이번에는 남자가 너무 개입을 해서 짜증이 났다.

"그러면 과장한테 정식으로 문제 제기를 해봐. 대리가 중간에서 그런 식이면 팀플레이를 제대로 할 수 없잖아. 실적에 악영향을 줄게 뻔하고 인사고과에도 좋지 않을 텐데 왜 지금까지 그냥 두고 있었어?"

그녀의 인내심이 마침내 바닥을 드러내고 말았다.

"그걸 누가 몰라? 왜 자꾸 이래라저래라 하는 거야?"

친구가 여자의 이야기를 들으며 물을 마시다가 쏟을 뻔했다. 사레가 들렸는지 한참을 콜록거리다가 웃다가를 반복했다.

"남성들은 타고나길 '해결사'로 났기 때문에 그런 거야. 여자 친구가 힘들다는 얘기를 하면 어떻게든 해결해주려는 본능이 발동하는 것이지. 물론 우리들 여자 입장에선 '왜 잠자코 내 말을 들어주지 않을까' 하고 불만이 쌓이겠지만 말이야."

남성들은 자기가 어찌할 수 없는 여자 친구의 불만을 들을 때에는 상당한 자책감을 느낀다고 한다. 자신의 무능력 때문에 해결해줄 수 없다는 생각에 괴로워하는 경우도 있다는 것.

그러니까 얘기를 꺼내기 전에 '그냥 듣기만 하면서 내 기분을 이해해주면 된다'고 미리 알려주는 센스도 필요하다고 했다.

여자는 다음에는 그것도 시도해보아야겠다고 마음을 먹었다. 친구는 작년에 실연을 겪더니, 아예 남자 심리 전문가가 되기로 작정을 한 것 같았다. 두 번 다시 사랑에 실패하고 싶지 않기 때문인지도 모른다.

여자는 마침 생각난 것을 친구에게 물어보았다.

"그런데 남자들은 왜 자기 마음을 터놓지 않는 거야? 가끔은 답답해서 미칠 지경이거든."

친구가 빙긋 웃고는 대답했다.

"남자들은 그 반대의 생각을 갖고 있어. '여자 친구가 나에 대해 그만 좀 물어봤으면' 하고 바라지. 뭔가를 해결하는 건 좋아하지만, 마음을 말로 표현하는 것은 어색해하거든. 사랑하는 남녀의 영원한 딜레마지."

13

취재의 정석

"아직 시간은 충분해요. 하지만 장래 배우자에게 바라는 조건을, '가장 중요하게 생각하는 것들' 위주로 재구성해 만남 가능성의 폭을 최대한 확장해두는 게 좋지 않을까 싶네요."

여자가 처음 결혼정보회사를 찾아갔을 때, 커플매니저는 그렇게 당부했다. 조심스럽고 우회적인 말투였는데도, 여자는 그 속에 담긴 핵심을 단 몇 마디로 요약해낼 수 있었다. '눈높이'를 낮추라는 것. 예컨대 능력 있는 남자를 만나고 싶다면 '아저씨'까지 감수해야 한다는 얘기였다.

여자는 생각이 '아저씨'에 이르자 몸서리를 쳤다. 연간 성사 건수가 100건이 넘는 실력파라면서 고작 해준다는 말이 기대 수준을 낮추라는 것이라니……. 서른다섯 살이 넘은 여성 가운데 셋 중 하나가 연하남과 결혼을 한다던데 그런 건 또 뭐란 말인지.

그러나 여자가 원하는 조건은 '능력'이나 '연하', '외모' 같은 게 아니었다. 그녀는 단지 '느낌이 통하는' 남자를 원했다.

단순했다. 그저 오랜 친구 같은 삶. 좋아하는 영화를 함께 보고, 맛있는 것을 먹고, 여행도 다니고, 좋은 음악이나 취미를 서로 권해주고, 운동도 같이 하고, 침대에 누워 각자 책을 보다가 잠이 드는 정도의 소박한 바람.

그런데 문제는, 그런 느낌을 주는 남자를 좀처럼 찾아낼 수가 없다는 점이었다.

오늘 약속한 남자와는 두 번째 만남이었다. 한적한 분위기의 카페에서, 먼저 도착한 남자가 책을 읽고 있었다. 그녀를 발견하자 벌떡 일어나며 웃음을 지었다. 책 표지를 힐끔 보니 일본이 배출한 세계적인 건축가 안도 다다오에 대한 것이었다. 어라! 의외인걸.

여자의 호감도가 급상승했다. 그러나 남자의 차림이 기껏 올라간 호감을 깎아먹었다. 최신 유행하는 스타일로 멋을 냈으나 어쩐지 빌려 입은 듯한 분위기. '아저씨'가 되지 않으려고 필사적으로 몸부림을 치는 노력이 느껴져 웃음이 나왔다.

이번 약속 장소는 여자가 정했다. 고즈넉한 카페가 대화를 나누기 좋은데다 서로에 집중할 수 있어 사람이 북적대는 대형 커피전문점보다 유리하다는 판단에서였다.

"일찍 오셨네요. 주말이라 그런지 많이 막히던데요."

"그러게요. 충분히 여유를 두고 출발했는데 간신히 10분 전 도착이네요."

여자는 두 번의 연애에 20대 시절 대부분을 쏟아부었다. 남자 없이 서른을 맞이하는 건 죽기보다 싫었는데, 어물어물하는 사이에 훌쩍 넘겨버리고 말았다. 한동안은 회사 일이며 주말 취미생활에 빠져 지내다가 '이러다 혼자 늙는 것 아니야?' 하는 불안감에 다시 남자를 찾아 나서게 되었다.

결혼정보회사를 통한 남자들과의 만남은 허탈했다. '이게 뭐하는 짓인가' 싶었다. 남자들과의 대화는 표면만 겉돌다가 미궁 속으로 빨려 들어갔고, 그중에 절반 이상은 서로의 직업을 탐색하고 호구조사만 하다가 끝이 났다.

여자는 그런데, 처음엔 지겹게만 느껴졌던 '호구조사'에서 한줄기 빛을 발견해냈다. 데이트의 선배들, 그리고 선배의 선배들이 물려준 '선先 호구조사 전통'에는 역시 그만한 깊은 뜻이 담겨 있었던 것이다. 단지 그 심오한 이치를 깨닫지 못해 매번 똑같은 질문을 하는 것을 지겹게 생각하는 몽매한 중생이 있었을 뿐이었다.

"딱 일주일 만이네요. 잘 지내셨죠?"

여자는 남자의 안부 인사성 물음에 한 가지를 보태어 돌려주었다.

"네. 잘 지냈죠. 어떻게 지내셨어요? 아! 지난주에 뵈었을 때 어머니께서 좀 편찮으시다고 하셨잖아요? 어떠세요?"

남자의 눈이 조금 커졌다. 얼굴에 반가운 표정이 스치는 것을 여자는 놓치지 않았다. 사람은 누구나, 자기에 대해 작은 것까지 기억

해주는 사람에게 호감을 갖게 되어 있다.

"몸살인데요. 뭐. 그것도 처음에는 단순한 감기였는데 여러 가지 무리를 하시는 바람에 악화된 거죠."

여자는 신문기자로 일하는 친구를 만났다가, 남녀간 '호구조사'라는 것이 신문기자들의 '취재 기술'과 일맥상통한다는 것을 알게 되었다.

핵심은 질문에 있었다. 상대방(취재원)과 주변인(관계자)을 아우를 수 있는 질문을 제대로 던져야, 엉킨 실타래를 풀어가듯 차근차근 사람의 본질에 접근할 수 있는 것이었다. 그러기 위해서는 상대의 말 한마디도 그냥 지나치지 않는 주의력과 관찰력이 필요했다.

여자의 주의력과 관찰력이 다시 한 번 질문을 만들어냈다.

"다행이네요. 그런데 무리를 하셨다면……. 어머니께서 혹시 일을 하시나요?"

기자 친구는 '왜'라는 궁금증을 갖는 것이 가장 중요하다고 했다. 그것이 질문으로 이어져야 비로소 뉴스가 될 만한 '이야깃거리'를 찾아낼 수 있다는 거였다. 여자는 친구와의 만남 이후 지금껏 만나온 남자들에게 그렇게 질문을 던져왔다.

여자가 남자들과의 만남에 취재 기법을 도입한 뒤로, 지루함이나 권태를 걱정할 필요 없이 적극적으로 만남의 자리에 나갈 수 있게 되었다.

'기적 같은 인연'은, 찾아나서는 여자에게 생기는 것이다. 로또를 사지 않는 사람에게 1등 당첨의 행운이란 있을 수 없는 것과 마찬가지다. 또한 그녀가 남자를 선택하듯, 그녀 역시 남자들에게 선택받을 가능성을 높여야 하는 게 당연했다.

큰 기대를 하지 않고 남자들을 만나다 보니까 경험이 쌓였고, 안목이 조금씩 트이는 것을 느낄 수 있었다. 그런 과정을 통해 만남 자체를 조금씩 즐기게 되었다.

남자가 침울한 표정으로 대답했다.

"아뇨. 일을 하시는 건 아니고요. 우리 집 개 베시가 죽었거든요. 어머니가 나흘 밤을 뜬 눈으로 보살폈는데……. 아무래도 나이도 있고……. 열네 살이나 먹었으니까요. 고통스러워해서 그만……. 병원에서 안락사로……."

여자는 깜짝 놀랐다.

"아! 안타깝네요. 뭐라고 위로를 해드려야 할지……."

여자는 대화에 여유를 두었다. 남자에게 슬픈 감정의 앙금을 정리할 시간이 필요해 보였다. 여자는 '아기와 동물을 사랑하는 남자치고 나쁜 사람은 없다'는 누군가의 말을 떠올렸다.

취재에는 '먼저 주기' 정신이 필요하기도 하다. 호감이 들 경우에는 자기 쪽 이야기를 먼저 들려줌으로써 상대의 얘기를 끌어낼 수 있다.

여자는 남자를 소개받아 만날 때면, 가족 이야기를 즐겨 듣는 스타일로 스스로를 포지셔닝했다. 가족 얘기가 나오면 반색을 하고 열성적으로 들으며 적절한 질문을 던졌다.

석연치 않은 대목에서는 곧바로 따져 묻지 않고 다시 확인될 때까지 기다렸다. 제아무리 타고난 거짓말쟁이라도 언젠가는 어긋난 틈을 스스로 드러내게 되어 있는 것이다.

여자는 취재의 기술을 통해 '배신 가능성이 큰 남자들'을 파악할 수 있었다. 매너가 좋고, 다정한 남자라고 안심할 수 있는 것은 아니었다. 결혼 후에 돌변해 이기적이고 가부장적인 스타일을 드러내는 경우도 있다고 했다.

남자가 천정을 보면서 말했다.

"베시랑 함께 지낼 수 있어서 참 좋았어요. 똑똑한 개였어요. 가족끼리 말다툼이 벌어지면 그 사이에 끼어들어 재롱을 부려서 웃게 하기도 했고요."

여자도 자기 경험을 들려주었다.

"어릴 때에는 개를 무서워했어요. 친척 집에서 물릴 뻔했거든요. 주인한테 꼬리를 치며 아양을 떠는 걸 보고 만져보려다……. 그런데 이제는 사람들이 개를 왜 좋아하는지 알 것 같아요. 개는 주인에게 한결같거든요. 그런 완전한 신뢰가, 요모조모 따지길 좋아하는 사람들 사이에선 정말로 쉬운 게 아니죠."

개를 주제로 한 남녀의 대화가 그 후로 한참 동안 이어졌다.

여자의 취재 기술은 상대방 남자가 주변 상황과 자기 생각 또는 느낌을 스스럼없이 꺼내놓게 함으로써 스스로 '어떤 사람'인지 드러내게 해준다.

여자가 오늘의 취재를 통해 끌어낸 표면적인 뉴스는 '베시의 죽음'이었으나, 그를 둘러싼 대화를 통해 그녀는 남자와 그의 가족에 대한 조금 더 깊숙한 맥락을 잡을 수 있었다. 그들 가족은 선량하며 정을 주고받을 줄 아는 사람들 같았다.

남자와 대화를 나누는 내내 마음이 아련했다. 취재의 기술이 '베시의 죽음'이란 뉴스를 통해 궁극적으로 끌어낸 것은 남자와의 공감과 소통이었다. 여자는 '느낌이 통하는 사람'을 비로소 만난 것 같다는 생각이 들었다.

여성과 남성 간에는 공감의 포인트에 차이가 있다. 여성들 간에는 정서적인 공감이 매우 자연스럽지만, 남성들 사이에선 그런 공감을 기대하기 어렵다. 친구의 말을 들으며 "정말로 속이 상했겠네!" 하고 맞장구를 쳐주는 남성을 발견하기란 쉽지 않은 것이다.

이는 남성들이 정서보다 지식(사실 혹은 정보)을 통해 공감하기 때문이다. 따라서 오늘, 여자가 개를 둘러싼 다양한 대화를 남자와 나눈(대부분은 들어준) 것은 그로 하여금 '이 여자가 나와 공감하고 있구나' 하는 만족감으로 이어졌을 가능성이 농후했다.

남자가 시간을 확인하고는 "진짜 맛있는 것을 먹으러 가자"고 식사를 청했다. 여자는 "오늘은 간단하게 먹고, 진짜 맛있는 것은 다음 기회로 미루자"고 제안했다. 남자는 아쉬운 눈치였지만, 여자의 말에 담긴 또 다른 뉘앙스를 파악했는지 표정이 금세 밝아졌다.

그녀가 기자 친구에게 배운 취재 기술 가운데 마지막은 '헤어질 때 여운 만들어 놓기'였다. 한 번에 전부 알아내겠다는 욕심을 버리고 상대에게 여운과 기대를 남겨주는 것이 좋은 만남을 지속적으로 이어가는 데 도움이 되기 때문이다.

  그녀는 차근차근 서로에게 다가서는 편안한 사랑을 하고 싶었다.

14

그러나 사랑할수록 불안해지는 까닭은

여자의 사랑은 온탕과 냉탕이 붙어 있는 사우나 같았다. 남자의 말이나 행동에 따라 하루에도 몇 번씩 천당과 지옥을 오가는 나날이 계속됐다.

'뮤지컬 보고 싶어? 내가 예약할까?' 그가 자상한 메시지를 보내오면 마음속이 희망의 뭉게구름으로 가득 찼다. "안 되겠다. 바빠 죽겠다." 기다리다 못해 걸었던 전화에서 그가 무뚝뚝한 태도를 보이면 마음이 갈가리 찢기는 것처럼 아팠다.

남자로부터 하루만 연락이 없어도 걱정이 두려움으로 변해 명치 끝을 송곳처럼 쑤셔댔다. '이러다가 버림받을지도 모른다'는 두려움은 여자의 기억 속에서 온갖 부정적인 생각들을 일깨워 불러냈고, 그런 생각들에 말려들다 보면 한이 없었다.

여자는 남자가 정말로 자신을 사랑하는지 끊임없이 확인해야만 했다. 괜찮은 것인지. 과연 이 남자의 사랑을 믿을 수 있는지. 하지만 수차례의 테스트에도 여자는 확신을 얻을 수 없었다. 결국 믿음을 주지 못한 남자에게 여자는 맹렬한 분노를 발산해냈다. "이럴 거면……. 우리, 그만 만나!"

그런 다음은 언제나 똑같았다. 후회하면서 스스로를 원망하고는, 며칠을 망설이다가 문자메시지 보내기. '그때는 내가 좀 예민했던 것 같아.'

틀어진 관계를 회복하려면 또 다시 자존심에 상처를 입을 수밖에 없었다. 그렇게 여자의 사랑은 다람쥐 쳇바퀴처럼 한없이 그 자리를 맴돌기만 했다.

남자의 사랑은 기대와 혼란, 짜증의 삼단 콤보 같았다. 여자를 기쁘게 해주기 위한 계획을 세울 때까지는 좋았다. 하지만 막상 여자를 만나면 혼란에 빠지고 말았다. 서로에게 익숙해진 만큼, 대단한 감동까지는 기대하지 않았다. 다만 '고맙다'는 말 정도는 듣고 싶었다. 그러나 모든 노력은 지극히 당연한 것으로 여겨질 뿐이었다.

남자도 "성의를 찾아볼 수 없다"는 그녀의 불만을 절반쯤은 이해한다. 하지만 상투적인 스케줄이나 평범한 선물 역시 절반가량은 그녀의 작품이기도 했다. 누군들 '냉정한 평가자'를 만나면 안 그러겠는가. 마침내 남자는 '효율성'을 추구하기로 마음먹었다. 어차피 좋은 평가를 얻지 못할 게 뻔한데, 시간과 돈을 많이 투자하기는 싫었던 것이다.

여자의 불평이 늘어날수록 만나는 게 버거워졌다. '왜 나만 신경을 써야 하는 거야? 널 만족시키는 것이, 우리 까다로운 팀장한테 결재 받는 것보다 훨씬 어려워.' 그렇게 쏴주고 싶었지만 다툼이 커질 것 같아서 입을 다물고 말았다. 하지만 회사에서 갑자기 생긴 일까지 잘잘못을 따지며 들어올 때에는 참기가 너무 힘들었다.

마침내 모든 게 귀찮아졌다. 사랑이 식은 것일까? 스스로도 마음을 알 수 없었다. 그녀와의 관계에 지쳐버린 것만은 확실했다. 여자는 그럴 때마다 불처럼 화를 내면서 헤어지자고 했다. 그러고는 남자가 한숨을 쉬기도 전에 다시 눈앞에 나타났다.

남자는 이해할 수 없었다. 눈만 마주쳐도 기분이 좋아지던 그녀가 왜 이렇게 변해버린 것인지. 생각을 거듭해도 어디서부터 문제였는지 찾아낼 수 없었다.

여자는 남자와의 사랑을 반추해보았다. 언제부터인가 사랑이 역전되어 있었다. 처음에는 남자가 지치지도 않고 여자를 따라다녔다. 여자는 흔들리는 마음을 애써 감춘 채 냉랭하게 그를 대했고, 그런 그녀의 태도가 남자를 더욱 아프게 했으며 동시에 달뜨게 했다. "너 없어도 살 수는 있겠지. 하지만 그러면 내 삶의 의미는 없을 것 같아." 그런 말로 매번 여자의 눈에 눈물이 핑 돌게 했던 것은 분명 남자였다.

그런데 언제부터였을까. 사랑에 역전이 일어나기 시작한 것은.

여자가 남자의 사랑을 받아들인 이후부터 아주 조금씩이었을 것이다. 그녀가 인식하지 못하는 사이에 야금야금.

어쩐지 남자가 사랑을 대수롭지 않게 여기는 것만 같았고, 그의 마음이 정말로 변한 것은 아닌지 자꾸 확인해보게 되었다. 그렇다. 그때부터였을 것이다. 서로의 입장이 뒤바뀌게 된 시점이.

여성들이 남성의 사랑을 자꾸 확인하려는 이유는, 아주 오래 전부터 유전자 정보 속에 담겨져 내려온 불안이 무의식중에 작동하기 때문이라고 한다. 임신과 출산으로 인해 생계를 남성에게 의존해야만 하는 불가피성 말이다. 원시시대에는 사냥감을 가지고 동굴로 돌아오던 남성이 낯선 여성을 따라 자취를 감춰버리는 일이 자주 있었는지도 모른다.

고도 산업사회에 이르러 이제는 여성들도 스스로 생계를 해결할 수 있게 되었다. 오히려 남성을 부양할 정도의 능력을 갖춘 여성들이 늘어나는 추세다.

여성들은 인류 역사상 그 어느 시대보다 강해졌다. 하지만 그 어느 시대보다도 외롭다. '진짜 나의 편'을 찾아보기 어려운 시대가 되었으니까. 그 결과, 곁을 확고하게 지켜줄 '믿을 수 있는 사랑'을 더욱 간절히 원하게 되었다.

적지 않은 여성들이 '사랑은 곧 완전한 하나'라는 생각을 가지고 있다. 영화 속의 연인들처럼 죽고 못 사는 정도는 아니어도, 서로에 대한 사랑의 확신이 있어야 한다고 믿는다.

그녀의 친구가 말했다.

"네 얘기를 들어보니까, 사랑이 아니라 중독 같아. 그런 중독 상태에서는 죽도 밥도 안 되겠어. 일단 물러서서 거리를 두고 지켜보자. 거기서부터 다시 시작하는 거야."

여자는 정말로 막다른 곳에 몰린 심정이었다. 친구의 말을 따르기로 했다.

여자의 연락이 갑자기 끊겼다. 하루에도 수십 번씩 오던 점검용 메시지들(출근은 했으며 아침은 먹었는지, 그리고 무엇을 먹었느냐는 등)이 자취를 감추었다.

남자는 일단 당황스러웠고, 다음으론 궁금했지만 기다려보기로 했다. 이틀은 바쁜 가운데 잊고 지낼 수 있었다. '내일이나 모레쯤이면 또 짠하고 나타나겠지 뭐.'

그러나 일주일이 다 되어가자 마음에 걸려서 참을 수가 없었다. 그녀를 생각하지 않으려고 일에 몰두할수록 더욱 신경이 쓰였다. 원인을 짐작할 수 없어 답답했다. 전에 만났을 때 약간 실랑이를 벌이기는 했지만, 그 정도를 가지고 연락을 끊어버린다는 것은 있을 수 없는 일이었다. '혹시 무슨 안 좋은 일이 생긴 것은 아닐까.'

남자는 여자가 회사에 잘 다니고 있다는 사실을 확인하고는, 서로 상반된 감정이 교차하며 마찰을 일으키는 바람에 혼란스러워졌다. 한편으로는 안도의 한숨을 내쉬면서도 다른 한편으로는 분노가 끓어오르는 것이었다.

남자는 여자가 '자존심 싸움'을 걸었다고 결론 내렸다. 그렇다면 더더욱 먼저 연락을 취할 수는 없었다.

하지만 한번 일어난 호기심은 가실 줄을 몰랐다. 멈출 줄 모르는 호기심이 그를 옆길로 새도록 이끌었고, 여자의 블로그에 접속해보았지만 결과는 또 실망. 블로그에는 아무런 변화가 없었다. 여자에 대해 새로운 정보를 얻을 수 없다는 사실이 그를 참을 수 없을 만큼 초조하게 몰아붙였다.

결국 여자에게 메시지를 보내고 말았다. 자신의 복잡한 마음을 읽어낼 수 없도록 최대한 건조하게 안부를 물었다.

'잘 지내지? 요즘 많이 바쁜 것 같네?'

기대와는 달리, 답신은 오지 않았다. 남자는 밤늦게까지 셀 수 없을 만큼 자주 휴대폰을 확인했으나 여자로부터 온 메시지를 발견할 수 없었다. 바빠서 확인을 못했을지도 모르니까 다시 한 번, 이번에는 사랑을 담아서 보냈다.

'바쁜 거야? 보고 싶어서 미치겠다.'

역시 답신은 없었다. 분노가 치밀었지만 초인적인 의지로 억누르고는 또 다시 메시지를, 훨씬 부드럽게 써서 전송했다. 그런 식으로 수십 개의 메시지를 보낸 후에야 여자로부터 답신이 도착했다. 그를 허탈하게 만드는 내용이었다.

'미안. 나중에 연락할게.'

마침내 남자의 마음속에 불안이라는 검정색 잉크 한 방울이 떨어졌고, 그것이 서서히 퍼져나갔다. 분노와 배신감에 섞여 뒤죽박죽이었지만 그것은 분명히 불안의 감정이었다. 그런 느낌은 그녀에게 반해 애가 타면서도 거절당할까봐 섣불리 접근도 하지 못했던 연애

초기 이후로는 처음이었다.

이번에는 그녀의 회사 근처에서 기다리다가 우연을 가장해 마주쳐보았다. 여자는 눈빛조차 흔들리지 않았다. 아는 사람을 어쩌다 만난 것처럼 평온하게 반응했다.

"여긴 웬일이야? 미안해. 난 지금 외부 회의 시간에 늦어서 정신이 없네."

말도 변변하게 붙여보지 못한 남자는 며칠 동안 잠을 이루지 못하고 고민을 했다. 두려움이 점점 부풀어 올랐다. 성서에는 '두려워하지 말라'는 말이 365번이나 등장한다고 한다. 인간으로 태어난 이상, 매일 한 번씩 되뇌어도 두려움을 떨쳐내기가 쉽지 않기 때문이다.

남자는 결국 용기를 내어 전화를 걸었다. 다섯 차례의 시도 끝에 여자가 전화를 받았다.

"만나서 얘기하고 싶어."

두 달 만에 만난 여자는 확실히 달라 보였다. 살이 조금 빠진 듯 보였고, 피부도 한결 투명해진 것 같았다. 분위기도 바뀌었다. 차분하고 당당해졌다고나 할까. 놀라운 일이었다.

남자는 여자에게 사과를 했다. 놀라운 일이 또 일어났다.

'뭘 잘못했는지 하나하나 말해보라'는 식의 트집을 잡지 않는 것이었다. 여자는 그의 말을 조용히 들으면서 고개만 끄덕여주었다. 얘기를 듣고 나서는 고마워하기까지 했다.

"고마워. 자기가 그렇게까지 말해주니까 기분이 많이 좋아졌어."

남자는 여자에게서 성스러운 이미지를 느꼈다. 못 본 사이에 어떻게 이처럼 180도 변할 수 있는 것인지 믿을 수가 없었다. 동시에 정신이 번쩍 들었다. 이 여자를 놓친다면, 평생을 후회 속에서 자책과 벗 삼아 살아갈 것만 같았다.

여자는 남자와 '적당한 거리'를 유지하는 동안 충동적으로 연락할 빌미를 만들지 않으려고 힘겹게 노력했다. 함께 찍었던 사진을 찾아보지 않았고, 그가 메시지를 보내와도 잠깐 확인만 하고는 곧바로 삭제했다.

중독성이 짙어진 사랑에 거리를 둔다는 것이 얼마나 엄격한 자기관리의 산물인지, '연락 충동'을 몇 번이나 경험하며 깨달을 수 있었다. 생활 패턴을 바꾸기 위해 평소와는 다른 행동을 골라서 했고, 스스로를 변화시킬 수 있는 흥미로운 일들을 찾았다. 그러면서 '마음 관찰 일기'를 써보았다.

그녀는 좋은 연애에는 반드시 적당한 거리가 필요하다는 것을 '마음관찰 일기'를 쓰면서 깨달았다. 그 '거리'는 두 사람 사이에서뿐 아니라 스스로에 대해서도 마찬가지였다. 자기 자신과 지나치게 붙어 있으면 편협하고 이기적인 사랑밖에 할 수 없게 된다. 자기와도 적당한 거리를 두어야 내면을 돌아볼 수 있는 것이다. 다른 사람들과의 균형 잡힌 관계는 그 지점에서 출발한다.

여자는 스스로를 관찰하는 시간을 통해 더 좋은 나, 더욱 성숙한 나로 내면을 업그레이드할 수 있었다. '나에게 이런 모습이 있었나' 싶을 정도의 놀라운 나를 찾아낸 것이었다.

남자를 다시 만났을 때, 그는 달라진 그녀에게 자극을 받아 바짝 긴장한 것 같았다.

적당한 긴장은 '건강한 거리'를 형성함으로써 두 사람으로 하여금 서로를 향해 다가서고 싶은 동기를 지속적으로 제공해준다. 사랑은 본래부터 안정적이지 못할 때, 그 욕망을 극대화하는 속성을 갖고 있는 것이다.

여성들은 이런 '거리 두기'를 흔히 말하는 '밀고 당기기(밀당)'와 혼동한다. 그런데 거리 두기는 사람들이 생각하는 것처럼 연애에 부수되는 밀당 게임이나 감정 장난 같은 것이 아니다.

거리 두기의 바탕은 자신과 상대에 대한 존중이다. 양쪽 모두 소중하기 때문에 조심하려는 의도에서 출발한다.

건강한 거리 두기는 적당히 물러섬으로써 먼저 자신을 지켜낼 수 있다. 우리는 사랑하는 사람과 적절한 거리를 유지할 때, '상대에게 거는 기대'를 줄여 스스로를 보호할 수 있는 것이다. 기대한다는 것은 곧 '상처받을 준비'를 하는 것이나 다름없기 때문이다.

거리 두기는 또한 '나의 가시'로부터 사랑하는 사람을 보호하기 위한 배려이기도 하다. 누구에게나 날카로운 가시가 하나쯤 있기 때문에 가까이 다가서는 이가 상처를 입는 경우가 있다.

반면 '밀고 당기기 게임'은 상대를 무릎 꿇게 하려는 의도에서 출발하는 경우가 많다. 상대의 마음을 좌우하려 들기 때문에, 아슬아슬한 담벼락 위를 걷는 것만큼이나 위험천만일 수밖에 없다. 사랑 자체가 위협을 받는다. 게다가 치졸하고 계산적인 밀고 당기기가 벌어질 경우, 설혹 승리하더라도 상대에게 남는 것은 굴욕적인 상처뿐이다.

많은 여성들이 '거리 두기'를 제대로 하지 못한다. 연애 초반에 어설프게 밀고 당기기를 하다가, 사랑에 깊이 빠진 뒤로는 남성에게 의존하면서 건강한 거리 두기에 실패한다. 특히 결혼을 한 뒤로는 '거리 두기'가 더 힘겨워지는 경향이 있다. 사랑이라는 공동의 항아리에 자기 몫의 배려와 선의를 부은 다음, 뒤로 물러나 그가 자기 몫을 채우기를 기다려야 하는데도 성급하게 굴며 상대를 어쩌지 못해 쩔쩔 맨다.

남자는 여자에게서 충격을 받은 뒤로는, 전보다 적극적으로 다가서기 시작했다. 여자는 사랑을 주는 기쁨을 그가 스스로 찾아낼 때까지 적당한 거리를 유지하면서 지켜보았다. 그가 기쁘게 해줄 때에는 고마움을 솔직하게 표현했다. 두 사람 모두 그들의 사랑이 전보다 깊고 성숙해지는 것을 느낄 수 있었다.

사랑의 깊이는 다가섰다가 물러서기를 반복하는 과정에서 서로에 대한 경험이 쌓이면서 깊어지는 것이다. 그것은 결혼 이후에도 마찬가지로 적용된다. 행복한 결혼생활을 하는 사람들을 보면 정말 그렇다. 적당한 거리 유지와 서로에 대한 존중이 뒤따른다.

이처럼 각성은 한 걸음 물러섰을 때 비로소 찾아온다. 뒤로 물러나 조금은 냉정하다 싶을 정도로 쳐다볼 때, 비로소 사랑에 대한 흔들리지 않는 신념을 얻을 수 있다. 그렇게 보면 좋은 사랑이란, 끊임없는 자기 탐구의 산물이라고도 할 수 있는 것이다.

15

그의 집에서 유심히 살펴야 할 것들

"명절? 그거 모르겠는데? 작년에 할머니 돌아가시고, 아버지 형제 분들끼리 분가하기로 하셨으니까……. 이번 설에는 미국 출장 다녀 오는 바람에 내가 국내에 없었잖아."

남자는 슬리퍼를 질질 끌면서 고개를 갸웃거렸다. 명절 같은 것은 왜 갑자기 물어보냐는 투였다. 남자들에게는 명절의 의미가 여자들 과는 다를 테니까 관심이 없을 수도 있겠다 싶었다.

여자는 난감했다. 엄마한테 그것 때문에 핀잔을 들었는데.

'시댁 될 집안의 명절이 여자의 결혼생활에 얼마나 중요한지, 너 도 그 나이까지 엄마를 통해서 충분히 보지 않았니?'

남자의 집에서 점심을 함께 먹기로 했다는 말을 꺼낸 것이 계기였 다. 엄마가 느닷없이 명절 이야기를 꺼내 여자를 당황하게 했다. 아 직 결혼을 하기로 결정한 것도 아니고, 그 사람 어머니가 얼굴 볼 겸 점심이나 먹자고 해서 집으로 찾아뵙기로 한 것이었다.

그래도 엄마에겐 그 집의 명절이 궁금한 모양이었다. 엄마에겐 명절이 큰일이었으니까.

명절 무렵만 되면 큰댁으로 며칠씩 파출부처럼 불려다니며, 누구나 함부로 부릴 수 있는 막내며느리 노릇을 30년 넘도록 했으니 얼마나 힘들었을까. 큰어머니들이 식탁을 차지하고 앉아 '짜네. 맵네' 평가할 때, 엄마는 묵묵히 구석에 쪼그려 앉아 기름을 튀기며 전을 뒤집어야 했다.

엄마는 그래서 딸만은 당신과 다른 삶을 살기를 바랐던 것 같다. 여자는 그러나 엄마의 바람에도 불구하고 명절에 대해 깊이 생각해본 적이 없었다. 요리하는 것을 좋아하는 그녀로서는 이따금 솜씨를 부려 식구들에게 맛있는 음식을 먹이는 정도라면 자신이 있다는 생각을 하고 있었다. 웬만한 요리는 재료와 레시피만 있으면 곧잘 만들었고, 서양 콘셉트에 동양 재료를 결합한 색다른 요리로 아빠와 동생의 칭찬을 듣기도 했다. 하기야 아무리 그래도, 엄마처럼 명절 때마다 큰손님을 치르는 노동은 차원이 다른 문제였다.

"왜? 어디가 안 좋아? 어디 면접이라도 보러가는 것 같은 표정인데?"

남자가 어깨 위로 손을 두르면서 물었다. 여자는 팔꿈치로 남자의 옆구리를 찌르며 대답했다.

"면접은 무슨……. 그냥 엄마 때문에 생각난 게 있어서……."

남성들은 죽었다 깨어나도 이해하지 못할 것이다. 여성들에게 명절이 두려운 이유는 단순히 노동 때문만은 아니다. '사랑받는 딸'에서 하루아침에 '당나귀 며느리'로 전락해, 낯설고 정이 들지 않는 사람들 틈에서 며칠 동안 눈치를 살피며, 자기가 아닌 다른 사람을 연기해야 하는 정신적인 스트레스가 미칠 것만큼이나 싫은 것이다.

더구나 말로는 가족이라고 하지만 진짜 가족 대접은 받지 못하는 소외감에, 뼈마디마다 골병이 들게 하는 노동마저 그저 당연한 것으로 여겨지는 부당함까지 견뎌야 하니 이중삼중으로 상처를 받아 아파하는 것이다.

남자가 어깨를 툭툭 두드리면서 말했다.

"다 왔어. 저기 보이는 빨간 벽돌집이야."

아버지는 등산을 가셨고 동생은 직장 선배의 결혼식 때문에 나갔다고 했다.

여자는 당황했다. 어머니가 '얼굴 볼 겸 점심이나 먹자'고 불렀다지만, 그냥 '마음 편안하게 가족에게 인사를 드리라'는 의미로 받아들이고 있었다.

한편으로는 남자의 가족이 궁금하기도 했다. 그의 집에서 확인해보고 싶은 것도 있었다. 그런데 어머니랑 달랑 셋이서만, 정말로 점심만 먹는 자리라니.

점심이라는 것도 이상했다. 식탁 한가운데 전기 그릴을 놓고 삼겹살을 구웠다. 남자가 노릇노릇 구운 고기를 골라 놓으면, 옆에 앉은 어머니가 빳빳한 월남쌈을 따뜻한 물에 적셔 접시 위에 놓아주는 것이었다. 한마디로 삼겹살에 여러 가지 해산물과 야채를 곁들여 싸 먹는 월남쌈이 점심의 전부였다.

여자의 엄마였다면 온갖 한식 요리가 식탁 위에 잔뜩 깔리고도 남았을 것이다. 갈비찜부터 잡채, 생선구이, 닭볶음, 각종 나물, 찌개, 전, 국, 신선로, 생선회, 데친 문어 등 보기만 해도 배부를 정도로 준비를 해야 대접이라고 생각하니까.

여자는 처음에는 '단출한 점심 메뉴'에 당황했으나, 곧 적응해 남자의 집게를 넘겨받아 고기를 굽고 어머니의 쌈을 싸드리기도 했다. 그러면서 여러 가지 주제의 대화를 나누었다.

초면에 입을 크게 벌리는 모습을 서로에게 보여준다는 것이 어쩌면 큰 결례일 수도 있었다. 그런데 이 집에서는 그런 느낌이 없었다. 마치 원래 그래왔던 것처럼 자연스러웠고 친근하게 느껴졌다. 쌈을 볼이 미어지도록 입에 넣고 씹으면서도 창피하지 않았다.

어쩌면 이 어머니는 심사숙고 끝에 일부러 이런 음식을 준비한 것이 아닐까 하는 생각마저 들었다. 서로의 민낯을 보여주며 마음을 트자는 식의…….

하지만 그런 추정은 마치 순정만화와도 같은 기대였을 뿐이란 사실이 곧바로 드러났다.

"미안해요. 차린 게 너무 부실해서……. 신경을 좀 쓰려고 했는데 얘가 아가씨한테 부담이 된다고 월남쌈이면 충분하다고 자꾸 말리는 바람에……."

어머니는 오랜 세월 한푼 두푼 모은 돈으로 얼마 전에 빵집을 개업했다고 한다. 그 얘기는 남자한테 들었다. 아버지의 퇴직에 맞춰 어머니가 돈벌이 전선에 나서기로 했다고. 빵집 개업 축하차 찾아뵙는 게 어떨까 했던 것이 오늘 점심 약속으로 이어진 거였다.

친구들은 지금까지도 '네가 왜 그런 평범한 남자를 만나느냐'며 납득이 안 간다고 한다. 하지만 여자는 확신이 있었다. 주식시장을 미인대회와 비교하곤 하는데, 남자도 크게 다를 바 없다고 그녀는 생각한다. 진짜 좋은 투자는 '숨겨진 가치'를 발굴하는 것이니까.

지금은 비록 저평가되어 있지만 남들이 간과한 미래의 가능성을 찾아내는 게 남다른 인생을 살아가는 사람들의 비결인 것이다. 당연히 겉의 화려함보다는 내실, 내재가치를 우선시해야 한다.

그녀는 지금, 남자친구의 어머니를 만나 점심을 함께 하며 자신의 이론과 선택이 얼마나 주효했는지 눈으로 확인하고 있었다. 남자라는 가치의 뿌리는 반 이상을, 그 어머니가 좌우하는 것이다. 내실 있는 어머니만이 내실 있는 남자를 키워낸다.

"엄마. 근데 얘가 갑자기 명절에 대해서 물어보네요. 결혼할 생각 하니까 걱정이 되는 모양이죠?"

남자가 갑자기 이야기를 꺼내는 바람에 여자는 깜짝 놀라 간이 떨어질 뻔했다. 변명할 말이 떠오르지 않았고, 어머니 면전이라 남자를 쩨려볼 수도 없었다. 얼굴이 화끈 달아오르며 진땀이 났다. 그나마 화장을 옅게 한 것은 다행이었다.

그의 어머니가 희미하게 웃고는 차분한 어조로 말했다.

"명절은 올해부터 우리끼리만 지내기로 했으니까 걱정하지 않아도 돼요. 그렇지만 제사는 친척들이 전부 모이는 자리니까 어느 정도 생각은 하고 있어야 할 거예요."

여자는 어머니의 대답을 들으면서 쩔쩔맸다. 이마에 송골송골 땀이 맺혔다. 남자가 화장지를 뽑아 그녀에게 건네주었다.

다행히 식사를 거의 마친 무렵이라 새로 개업한 빵집에 함께 가보기로 했다. 어머니가 직원에게 전화를 걸어 오전 매상을 확인하고 뭔가 지시를 내리는 사이에 남자가 집 구경을 시켜주었다.

먼저 남자의 방. 두 면이 책장이었고 책상 위에는 노트북 컴퓨터와 미니 오디오가 놓여 있었다. 여자는 남자의 방을 유심히 살펴보았다. 그녀 남동생의 방하고는 전혀 달랐다. 깔끔하게 정리되어 있었고 불필요하고 너저분한 것들은 찾아볼 수 없었다.

"어제 부랴부랴 정리한 거야. 너한테 약점 잡힐까봐. 원래는 쓰레기소굴이야."

여자는 그러나 그의 동생 방까지 살펴보고는 그의 말이 그저 자신을 마음 편하게 해주려는 의도임을 알았다.

그리고 마침내 그녀가 어렴풋하게 짐작해온 부분을 그의 집에서 두 눈으로 확인하게 되었다.

"여기는 아버지 서재야. 구경해볼래?"

남자가 문을 여는 순간, 방안에 가득 들어찬 책들이 자연의 웅장한 풍경처럼 여자의 망막을 가득 채웠다. 정연하게, 또한 한편으로는 불규칙하게 쌓인, 압도적일 정도로 많은 분량의 책들이었다.

여자는 비로소 사랑하는 남자에게서 이따금씩 느꼈던 사려 깊음이 어디에서 비롯되었는지 실체를 확인할 수 있었다. 자신을 불편하지 않도록 배려해주는 어머니의 모습과 품위가 느껴지는 대화에서, 집안 곳곳에 무심결인 듯 놓여 있는 책들을 통해, '아마 그렇지 않을까' 짐작은 했지만 실제로 접하고 나니 상상을 훨씬 뛰어넘는 모습이었다.

여자는 오래 전부터 사랑하는 사람이 생기면, 그의 집 사람들까지 일종의 '모꼬지'처럼 대화가 잘 통하기를 바랐다.

책을 읽는 사람들이라면, 합리성을 기대할 수 있는 사람들이라면 얼마나 좋을까. 말 안 통하는, 우격다짐하는 사람들과 살아가는 것은 상상도 하기 싫었다. 그것은 의미 있는 삶이라고 볼 수 없었다. 슈바이처 박사의 말대로 '인간에게 가장 큰 재앙은 죽음 그 자체가 아니라, 살아가지만 내면으로부터는 죽어가는 것'이니까.

어떤 집이든, 그 집에 가장 많이 있는 것이 그 집의 문화다. 그 집을 이루고 있는 핵심가치이자 집을 지탱하는 뿌리.

여자는 눈앞에 펼쳐진 거대한 뿌리를 호기심에 찬 눈으로 요모조모 살펴보기 시작했다.

16

여자들이란 도대체

  두 사람은 자타가 공인한 '환상의 커플'이었다. 친구들과 커플 퀴즈대회라도 열면 1등은 떼어 놓은 당상이었다.

  이야기를 하다 보면, 두 사람이 '맺어질 수밖에 없는 인연'을 입증하는 우연들이 무더기로 쏟아지곤 했다. 남자가 군대에 있을 때 즐겨 들었던 음악을, 여자는 잇단 취업 실패로 우울해진 마음을 달래며 귀에 꽂고 살았다. 남자가 아르바이트를 했던 건물에 여자가 다니던 학원이 있었다. 심지어는 팥빙수를 먹다가 두통을 느끼는 부위까지 똑같았다.

  그런데 언제부턴가 관계가 삐딱선을 타게 되었고, 그 이후로는 마주 달리는 철길처럼 평행선을 그리기 시작했다. 남자는 그녀와의 관계가 왜 힘들어졌는지 생각해봤지만 원인을 찾을 수 없었다.

  여자가 모처럼의 변신을 시도했던 적이 있었다. 하지만 남자는 자기 생각에만 빠져 있느라 그것을 간과하고 말았다.

"자기, 나한테 화난 거 있어? 없는데 왜 그러는 거야?"

여자는 그렇게 불만을 터뜨렸다. 남자야말로 여자가 왜 자꾸 시시콜콜 따지고 드는지 알고 싶었다. 가뜩이나 상사와의 껄끄러운 관계 때문에 힘들어하고 있는데, 왜 둘이 만났을 때조차 편안하게 내버려 두지 않는 것인지.

남자는 회사의 교양강좌를 통해 실마리를 찾았다. 여성들은 사랑하는 남성이 침묵하면 불안감을 느낀다고 한다. 남성이 자신에 대해 불만을 품고 있으며, 심지어는 침묵으로 벌을 주고 있다고 겁을 낸다는 것이었다.

이따금 여자를 이해할 수 없어 답답했는데, 회사의 「행복을 만드는 기술」 교양강좌를 들어보니까 남성과 여성의 차이는 지극히 당연한 것이었다.

남자는 여자가 열심히 먹으면서 "살 빼야 하는데" 하고 걱정할 때마다, 속으로 '그게 말이 되냐'고 비웃었던 과거를 후회하게 되었다. 여자들이란 원래 그런 존재였던 것이다.

남성과 여성이 같은 모임에 참석하면, 남성은 누가 새 자동차를 뽑았는지 혹은 누가 최신 스마트폰을 갖고 있는지를 기억한다. 반면 여성은 누가 살이 빠졌으며 어떤 가방을 들고 어떤 옷을 입고 있었는지를 감탄이 절로 나올 정도로 정확하게 기억해낸다.

여성의 주 관심사는 다이어트와 연애, 결혼, 가방, 액세서리 같은 것들이다. 한마디로 '사람'이다. 다른 여성이 얼마나 다이어트를 하고 가꿔서 아름다워졌는지를 집중적으로 살핀다. 자신 또한 다른 여성들에게 그렇게 보이기를 원한다. 여성들이 어릴 적부터 인형에 흥미를 보이는 데는 그만한 이유가 있는 것이다. 자동차나 일, 기술, 스포츠 같은 '사물'에 관심을 갖는 남자들과는 뚜렷한 차이가 있다.

남자는 여자와 쇼핑을 갔을 때, 왜 그렇게 오랜 시간이 걸리는지도 이해하게 되었다. 여성들은 넓은 시야를 갖고 있어서 가까이 있는 여러 가지 것들을 두루 살핀다. 매장을 한 곳만 들러도, 그곳의 수많은 아이템들을 한눈에 파악해 비교하면서 쇼핑을 즐긴다.

이에 비해 남성은 멀리 보는 데 능하므로 다양한 구색들에 관심을 두지 않고, 오로지 자기가 원하는 것 하나만을 찾으려고 직행한다. 남성의 눈은 오랜 사냥을 통해 먼 곳을 주로 살피도록 진화되었다고 한다. 그래서 냉장고 안에 있는 토마토케첩을 그토록 오랜 시간을 헤맨 끝에 발굴해내는 것이다.

남자가 그녀를 이해하기 위해 강좌에서 찾아낸 결정적인 실마리는 '여성들이 낚시를 못하는 이유'였다. 강사가 흥미롭게 설명해주었다.

"여러분, 여자 낚시꾼을 보신 적 있나요? 보셨다고요? 그래도 매우 드문 게 사실이죠? 여자 낚시꾼이 드문 이유는 오메르타를 지키는 것이 어렵기 때문입니다."

오메르타omerta란 시칠리아 마피아가 조직의 비밀을 지키기 위해 정한 '침묵의 계율'이라고 한다. 낚시터에서 물고기를 쫓지 않으려면 침묵의 계율을 지켜야 하는데, 여성들로선 아무리 월척을 낚을 수 있다고 해도, 대화와 소통이 없는 시간을 견디기가 쉽지 않다는 설명이었다.

남성과 여성의 차이는 '대화'에서 두드러진다. 그래서 대화가 남녀의 관계에 결정적인 영향을 미친다. 사이가 좋은 커플과 좋지 않은 커플이라는 두 갈래 길이 대화 습관의 차이에서 갈리는 셈이다.
남성들이 하루에 사용하는 단어의 양이 2천~5천 단어인데 비해, 여성들은 하루에 6천~8천 단어를 써야 직성이 풀린다.
대화의 내용도 딴판이다. 남성에겐 말하는 '내용'이 중요하지만 여성에겐 '말하는 것', 그 자체가 목적이다. 남성은 '용건'이 있기 때문에 말을 하는 반면, 여성은 '상대의 공감'을 바라며 말을 한다.
혼자 고민하고 결정하는 게 궁극적으로 그녀를 위하는 것이란 생각도 혼자만의 판단일 뿐이었다. 사랑하는 이와 깊이 공감할 수 있는 기회를 놓친 여성은 자기가 소외되었다는 것을 알게 된 후, 두고두고 고통을 받는다고 한다.
남성은 정보를 수집하거나 문제를 해결하기 위해 말을 한다. 그래서 남성들의 말은 짧고 직접적이며 재미가 없다. 이에 비해 여성들은 좋은 관계를 만들어가기 위해 우회적으로 길게 말한다.
이런 차이는 남성과 여성이 제각각의 역할을 맡아 진화하는 과정에서 더욱 현격하게 벌어졌다고 한다. 여성은 아주 오래 전부터 거주지를 지키거나 먹을거리를 채집하는 과정에서 사람들과 소통을 하며 배고픔이나 기쁨, 슬픔 같은 작은 변화에 민감하도록 진화되었다는 것. 그러나 남성은 오랜 세월 동안 사냥을 다니느라 다른 이의 마음을 읽을 기회가 없었고 당연히 소통에 능하지 못하게 되었다.

그런 진화의 결과가 사랑에선 비극을 잉태하는 씨앗이 되었다. 여성들은 사랑하는 남성과 좀 더 즐겁게 이야기를 나누고 싶은 반면, 남성은 대화를 어색해하며 어떻게든 회피하려고 물러서는 것이다.

대화를 거부당한 여성, 특히 사랑하는 남성이 쌓은 벽에 부딪힌 여성은 자존감을 잃어버린 채 자신이 사랑받을 가치가 없다고 낙인을 찍어버린다. 하지만 남성들은, 자신의 말 몇 마디에 여자가 왜 극단적으로 반응하는지 이해할 수 없다. 여성의 내면을 잠식해버린 아픔이 어떤 것인지 상상할 수 없기 때문이다.

남자는 강의를 통해 사랑이란 원래, 자신의 존재를 확인하기 위해 상대에게 끊임없이 자신의 감정을 이해해달라고 요구하는 과정이란 것을 배웠다.

그는 강사의 그런 설명을 들었을 때에는 피식 웃었다. 자기는 여자에게 감정을 이해해달라는 요구를 해본 적이 없다고 생각했다. 하지만 곰곰이 기억을 더듬어보니까 꼭 그런 것만도 아니었다. 자신 또한 그런 충동으로부터 자유롭지 못한 평범한 남자일 뿐이었다. 거절로 인한 아픈 경험이 많지 않은 것은, 그가 요구할 틈도 없이 그녀가 알아서 족족 인정해주고 받아들여주었기 때문이었다. 마치 어머니가 챙겨놓은 우산이 가방에 언제나 들어있었던 것처럼.

존 가트먼 박사는 행복한 커플과 불행한 커플의 차이를 '정서통장'에서 찾았다. 정서통장이란 두 사람이 평소에 쌓아온 온정의 총합을 의미한다.

박사는 35년 동안 3천쌍 가량의 커플들을 비디오로 촬영해 그들의 변화를 미세 분석했는데, 서로에 대한 만족도가 성격이나 학력, 지능, 외모, 직업, 수입 등과는 큰 관계가 없는 것으로 나타났다. 대화가 잘 통하며 정서적으로 친밀한 커플일수록 서로에 대한 만족도가 높은 것으로 조사된 것이다.

행복이란 공감 능력, 즉 서로를 이해해줄 태세가 얼마나 되어 있느냐에 달려 있다는 결론이었다. 그러니까 여성의 미래는 사랑하는 남자와 얼마나 잘 소통하느냐에 따라 결정되는 것이다. 우아한 여신이 될 것인지, 아니면 투덜이 마녀가 될 것인지. 그 책임의 절반은 남자의 어깨에 달려 있는 셈이었다.

남자는 휴대폰으로 그녀에게 전화를 걸려다 잠시 망설였다. 그녀가 반색할만한 질문으로 관심을 표현하고 싶은데, 막상 해보려니 아이디어가 떠오르지 않았다. '뭘 어떻게 물어보지?'

별 수 없이 그녀가 그에게 자주 던졌던 질문을 활용해보기로 했다. 한편으로 이제부터는 여자의 질문을 귀찮게 여기지 않고 성의 있게 대답해야겠다고 결심했다.

그녀가 전화를 받았다. 남자는 부드러운 목소리로 물어보았다.

"언제 끝나? 오늘 어땠어?"

17

우등생도 풀지 못하는
사랑 게임의 법칙

여자는 사랑에 빠진 뒤로 한없이 초라해지는 자신을 느끼곤 했다. 남자에게 강아지처럼 매달리며 사랑받으려는 스스로의 모습을 발견할 때면 자존심이 상하고 마음이 아려왔다.

오랜만의 친구들 모임에서 여자는 며칠 전에 남자친구와 다툰 이야기를 하다가 마음을 털어놓고 말았다.

"어느 순간부턴가 내가 그 사람 인생의 조연처럼 연기를 하고 있는 거야. 어쩌다 이렇게 됐을까 싶더라. 그래서 자존심을 세우다가도 그 사람이 멀어진다는 느낌이 들면, 어쩐지 무섭고, 또 허둥대고 있는 거야……."

여성들은 남자친구가 생기면 동성 친구 모임에 자주 나타나지 않는다. 그 대신 남자친구의 모임에 참석하는 경우가 많아진다. 오늘 친구들과의 만남만 해도 여자에겐 올해 들어 처음이었다.

친구 A가 물었다.

"그런데 너는 그 사람의 어디가 좋았던 거야? 말하는 걸 들어보면 마음에 안 드는 것투성이던데."

여자는 움찔했다. 정말로 생각이 안 났다. 그 사람에게 왜 끌렸던 것일까.

여자가 혼란스러워하는 사이에 친구 B가 자기 이야기를 했다.

"나는 함께 있으면 안심이 되기 때문에 좋아하게 된 것 같아. 마음이 편안해지거든. 안 좋았던 오래 전 일들까지 많이 얘기했어. 그 사람이 들어준 것만으로도 힘이 된 것 같아."

친구 A가 '러브 맵'이라는 것을 이야기했다. 러브맵이란 사람이 태어난 뒤 살아오면서 무의식에 쌓은 성격과 기호에 대한 방대한 리스트라고 한다.

부모의 세계관이나 취향, 형제자매와의 관계나 대화방식, 친구와의 소통, 학창시절의 경험들, 인터넷이나 TV에서 보고 들은 것 등 어린 시절부터 사춘기에 걸쳐 축적된 다양한 경험이 일종의 좌표가 되어 사랑할 인물상을 결정하게 된다는 것.

사람은 그래서 무의식중에 그 러브맵을 따라 상대의 비슷하면서도 다른, 다르면서도 비슷한 부분에 끌리게 되어 있다고 한다.

여자는 자기 역시 편안함에 끌렸을 수도 있겠다고 생각한다. 처음 만났을 때부터 어쩐지 친밀감을 느꼈고 그 덕분에 서로에게 금방 익숙해졌다.

친구 B가 여자에게 말했다.

"그런데 너는 공부나 외모나 항상 1등이었는데 너한테도 풀지 못하는 문제가 있다는 게 정말 신기하다. 이런 얘기 들어보는 것도 처음이고……. 오늘 신기한 게 참 많네."

여자가 입술의 맥주 거품을 냅킨으로 닦으면서 눈을 흘겼다.

"바보! 남자 사귀는 거하고 시험 성적하고 무슨 상관이니?"

그때, 친구 A가 혼잣말처럼 이야기했다. 크지 않은 목소리였지만 여자에게는 또렷하게 들렸다.

"그동안 주인공으로만 살아왔는데 사랑하는 사람을 위해 조연 역할을 하려니 납득하기 어려웠겠지……."

여자가 친구 A에게 물었다.

"무슨 뜻이야? 주인공으로만 살아왔다니?"

친구 A는 "그냥 혼자 생각"이라면서 얼버무리려고 했지만 여자가 재촉하자 이렇게 정리했다.

"꼭 네가 그렇다는 건 아니고, 예쁘고 똑똑한 여자들을 보면 그런 경향이 있는 것 같아서……. 어디서든 주인공 대접을 해주니 관심을 받는 데만 익숙해진 거 아닐까? 받아만 봤으니 주는 것에는 익숙하지 못할 수 있잖아. 자존심만 자꾸 따지다가는 관계가 어려워지거든."

여자는 은근히 기분이 나빴지만, 내색하지 않고 태연한 표정으로 이야기를 들었다.

친구는 연애를 하다 보면, 감정적으로는 언제나 여성이 손해를 본다고 했다. 여성들은 세심하게 남성을 위해 마음을 쓰는 반면, 남성들은 자기의 감정을 표현하는 데 뜨뜻미지근하고 여성을 위해줄 줄 모른다는 것이다. 그래서 남성들은 여성의 배려를 받는 것을 당연하게 여긴다고 한다. 특히 엘리트 코스를 밟아온 남성일수록 더 그런 경향이 있다고 말했다.

결과적으로, 예쁘고 똑똑한 여성의 사랑이 상대적으로 쉽지 않다는 주장이었다. 받는 것에만 익숙한 잘난 여성이, 여성을 위해줄 줄 모르는 남성을 만나니, 처음에는 서로 끌리더라도 기대와 현실이 어긋나며 충돌이 빚어질 수밖에 없다는 것. 서로에 대한 사랑으로 치장되어 있지만 실제로 부딪히는 것은 두 사람이 각각 품고 있는 환상이기 때문에 부풀어 오른 풍선이 터지듯 시끄러운 소음을 낸다고 했다.

친구 B가 친구 A의 주장에 공감을 나타냈다.

"맞아. 잘난 남자들은 세상의 온갖 일들에 대해 모르는 게 없지만, 딱 하나, 여자의 마음만은 너무 모르는 거 같아. 참 이상해. 정치나 경제처럼 추상적이고 복잡한 것에 대해서는 밤을 새워가며 이야기를 하잖아? 그런데 어떻게 사랑하는 여자와는 대화를 30분 이상 하는 게 어려운 거지?"

여자는 친구 A가 자기를 은근히 비꼬는 것 같아서 기분이 나빴지만 조금 더 참아보기로 했다. 가만히 친구들의 얘기를 듣다 보니 문득 이런 생각이 들었다.

'그런데 얘들은 어디서 이런 것들을 배웠을까. 얘들은 이렇게 훤히 알고 있는 것들을, 나는 왜 까맣게 모르고 있었던 거지?'

여자는 두 손가락으로 땅콩을 문지르며 잠시 생각에 빠졌다.

혹시 자만했기 때문이 아닐까. 사랑 역시 잘할 수 있을 거라고 만만하게 생각했던 것이 아닐까.

만만하게 봤기 때문에 자존심에 더 많은 상처를 입었는지도 모른다. 자존심이란, 이따금 남을 함부로 깔봤다가 터무니없이 빗나가는 바람에 스스로를 찌르게 되는 마음의 칼이기도 하니까.

그러다가 여자는 제풀에 깜짝 놀랐다. 언제나 자기 자존심이 상처를 받는 것만 생각했다. 그 사람이 얼마나 아팠을지는 생각해본 적이 없었다. 늘 그를 가해자로 몰기만 했다.

그저께 헤어지면서는 왜 그런 말까지 해야 했을까. '자기를 만난 게 가장 후회된다'니.

사과를 하고 싶었다.

"얘들아 잠깐만. 나 전화 좀 걸고 올게."

여자는 가방을 들고 자리에서 일어났다.

온갖 뜻밖의 일들로 점철되는 긴 인생조차도
한 남자와 한 여자가 서로를 이해하기에는 충분히 긴 시간이 아니다.
—윌리엄 버틀러 예이츠

18

친구들을 통해 알 수 있는 것들

"자리가 많이 비어 있으면 티가 나니까 하루에 한 명씩만 도망가기로 우리 반 애들끼리 정했거든요. 그런데 이상한 게요. 제가 도망간 날에는 담임선생님이 근처 어디서 술 한 잔 하고서도 기어이 올라오는 거예요. 다음날 아침에 열나 혼나고 집에 가서 어머니한테 또 깨지고……. 그런데 이놈이 땡땡이 친 날에는 담임선생님은커녕 당직 선생님도 안 돌아다녀요. 하여간 희한하게 운이 좋은 놈이었다니까요."

남자의 친구 A가 고등학교 시절 야간자율학습에 얽힌 추억을 가지고 웃음을 안겨주었다. 여자는 남자의 친구들이 들려준 옛날이야기가 즐거웠고, 한편으로는 그런 재미있는 기억을 공유할 수 있는 남자들 세계가 부러웠다. 틀에 맞춘 듯 반듯하게만 살았던 자신의 그 시절을 다시 생각해보니까 어쩐지 억울했다.

남자가 살짝 웃으면서 생각에 잠기는 듯하다가 느릿하게 말했다.
"맞아. 여기저기 쏘다녔지. 극장에도 가보고, 분식집에서 라면도 먹고……."

그런 여유 넘치는 말투에, 여자는 처음 만나자마자 반해버렸다. 그의 목소리를 들으면, 정신없이 보낸 하루의 허탈함 혹은 내일도 똑같은 일과를 되풀이해야 한다는 우울함 같은 것들이, 마치 투명 컵 속의 아스피린처럼 기포를 내뱉으며 녹아드는 느낌을 받곤 했다.

친구 B가 목소리를 높였다.

"아! 극장! 나도 땡땡이치면 주로 극장을 갔지. 한 번은 여자 친구랑 같이 갔거든? 걔는 꾀병으로 땡땡이치고. 그런데 하필이면 거기서 1학년 때 담임을 딱 마주친 거야. 그래서 내가……."

친구들의 이야기가 '왕년에 잘나갔다'는 무용담 수준으로 무르익기 시작했다. 남자들의 '왕년에' 이야기 중에서 90퍼센트는 뻥이라던데.

여자는 남자의 모임에 참석하는 게 즐거웠다. 얼마 전에는 대학 동창 모임이었고 그전에는 회사 동기 모임이었다. 남자들이 군대 혹은 정치 이야기에 열을 올릴 때에는 재미도 없고 소외감을 느끼기도 했다. 하지만, 누군가 그녀를 의식해 주제를 바꾸면 친구들 모두가 마치 죽어라 공을 쫓아 뛰는 축구선수들처럼 새로운 대화에 우르르 뛰어들었다.

여자는 남자가 왜 친구들 모임에 그녀를 데려가는지, 이유를 어렴풋이 짐작하고 있다. '내 여자를 인정해달라'는 일종의 절차인 것이다. 내 여자이므로 커뮤니티의 일원으로서 자격이 있다는 것을 친구들에게 인정받는 수순인 셈.

여자 입장에서도 좋은 기회였다. '남자의 여자'로서의 자신의 토대를, 그의 커뮤니티에서도 확고하게 굳힐 수 있는 계기가 그런 모임에서 비롯되니까.

모임 내내 말이 없던 친구 C가 비릿한 느낌의 웃음을 물고는 남자에게 말했다.

"그때 생각 나냐? 너 가출해서 사흘 정도 우리 집에서 빈대 붙었던 거. 너희 아버지도 참 대단하셨어. 아들이 집을 나갔는데 찾지도 않으시고."

시끌벅적했던 분위기가 한순간에 조용해졌다. 남자는 흠칫 놀라는 기색이 역력했고, 다른 친구들은 고무지우개 같은 표정으로 C의 입을 바라보았다. 친구들 모두가 아는 얘기 같았다. 다만 C가 어떤 의도로 그 얘기를 꺼내는지 몰라 섣불리 반응을 드러내기 어려운 것 같았다.

"등이며 엉덩이가 온통 시커먼 멍투성이여서 내가 파스 붙여줬잖아. 파스 값 때문에 내 용돈도 엄청 깨졌는데……. 그랬던 게 불과 엊그제 같은데, 벌써 세월이 이렇게 흘러서 네가 잘 되는 걸 보니까 무지하게 감개무량인 거 있지."

여자는 소스라치게 놀랐다. 그런 끔찍한 일은 처음 듣는 얘기였다. 여자의 마음속에서 불쾌한 감정들이 뒤섞이기 시작했다. 굳이 그런 얘기를 끄집어낸 C라는 친구에 대한 반감인 것도 같았고, 깜짝 놀란 표정을 들켜버린 스스로에 대한 책망인 것도 같았다. 근본적으로는 서로에게 비밀이 없기로 해놓고 친구들 전부가 알고 있는 이야기를 미리 해주지 않은 남자에 대한 실망과 배신감인 것 같기도 했다.

남자가 웃으면서 대답했다.

"맞아. 그런 적이 있었지. 그때는 완전히 '땅거지' 신세였어. 너희 집만이 아니야. A네 집에서도 일주일 있었고, B네 집에서도 열흘인가? 맞지? D네서는 무려 보름을 버텼으니까. 괴롭기만 했던 건 아니야. 밤새 같이 놀면서 얼마나 즐거웠는데."

다른 친구들이 축구공을 따라잡듯 달려들었다. 이야기의 주제가 그때 뭘 하면서 같이 놀았는지 쪽으로 삽시간에 바뀌었다. C는 남자의 '옛날 불행'을 되살려내려고 무던히도 애를 썼지만 다른 친구들이 자꾸 공을 차내는 바람에 추가 득점의 기회를 놓치고 말았다.

"아까 그 얘기, 어떻게 된 거야?"

지하철 안에서, 여자의 질문에 남자가 엉뚱한 대답을 늘어놓았다.

"그 녀석 기분 나빴지? 새로 시작한 일이 안 풀리는 바람에 심사가 약간 뒤틀린 것 같아. 원래는 착한 놈이야. 그러니까 네가 이해 좀 해줘."

그런 꼴을 당해놓고도 친구라며 두둔하다니……. 여자는 받아들일 수 없었다. 남자들이 원래 그런 것인지, 아니면 이 사람의 우정만 유별난 것인지 짐작이 가지 않았다.

여자의 목소리에 점점 짜증이 묻어났다.

"아니……. 무슨 일이 있었던 거냐고!"

남자는 여전히 친구를 변명하는 말을 늘어놓았다.

"나한테 질투가 났는지도 모르겠어. 너처럼 예쁘고 생각이 깊은 여자랑 나타날 줄은 생각도 못했을 거야. 그러니까 그 녀석이 심통을 조금 부렸다고 생각하고……."

여자는 마침내 벌컥 화를 내고 말았다.

"멋있는 척은……. 위선 좀 떨지 마! 왜 나한테는 그런 얘기를 안 했어? 우리 사이에 비밀 같은 건 없기로 약속했잖아?"

여자는 남자가 사과를 하며 '다음 역에 내려서 얘기 좀 하고 가자'고 말해주기를 기대했다. 그에게 어떤 일들이 있었던 것인지 알고 싶었다. 그의 친구들은 모두 알고 있는 일을 자기만 모른다는 것도 자존심이 상했다. 순하게만 보이는 남자와 그의 아버지 사이에 어떤 일들이 있었던 것인지 알아야만 마음이 풀릴 것 같았다.

그런데 남자는 여자의 질문은 깡그리 무시한 채 이렇게 반문을 하는 것이었다.

"내가 무슨 위선을 떨었다고 그래? 그리고 그 녀석이 잘못한 걸 가지고 나한테 화를 내면, 나더러 어쩌란 말이야?"

여자는 어이가 없었다. 이야기의 핵심을 회피하는 남자의 자세에 화가 치밀어 머리카락이 죄다 곤두서는 느낌이었다.

여자는 다음 역에서 문이 닫히기 직전에 지하철에서 내렸다. 당황한 남자가 유리창에 대고 뭔가 말을 하려고 했다. 그러나 열차가 단연코 빨랐다. 한번 꿈틀하고 움직이더니 남자의 얼굴을 품고 순식간에 사라졌다. 열차의 빛 무리가 빨려 들어간 곳에는 뻥 뚫린 어둠이 시커먼 입을 벌리고 있었다.

여자의 분노는 어둠의 입을 맞닥뜨리는 순간 그 에너지원을 잃어버렸다. 강렬했던 분노를 다른 감정이 삼켜버린 것이었다. 강한 의문, 또는 의구심. 낯섦과 두려움.

'고등학생 시절 야간자율학습을 빼먹은 것쯤은 추억이라고 치자. 그런데 등이며 엉덩이가 온통 시커먼 멍투성이가 되었다는 건 뭐고, 한 달이 넘게 가출했다는 건 또 뭐란 말인가.'

여자는 남자에 대해 많이 안다고 생각해왔다. 사랑하니까, 서로에게 솔직하니까. 그런데 오늘, 그에 대해 모르는 것이 있다는, 아니 많다는 사실을 깨닫게 되었다.

'아들이 집을 나갔는데 가족들은 찾지도 않았던 걸까? 아버지한테 맞았다는 이야기는 또 뭐야? 내가 그 사람에 대해 제대로 알고 있기나 한 것일까?'

하지만 따지고 보면, 그녀 역시 사랑하는 사람에게 보여줄 수 있는 것은, 애초부터 줄기와 열매뿐인지도 모른다. 뿌리란 스스로 드러내어 보여줄 수 있는 게 아니니까. 사람에 따라 다르겠지만 어떤 이의 뿌리는 매우 깊어서 전체의 절반 이상을 차지할 수도 있다. 성장기의 상처나 고통이 매우 컸다면 말이다.

여자는 한동안 조각상처럼 냉정하게 서 있었다. 끝을 짐작할 수 없는 어둠을 응시하다가, 어느 순간에 이르러 마음을 정리했다. 길게 한숨을 내쉬었다.

심상치 않은 뭔가가 있지만, 그래도 그를 사랑하는 것은 어쩔 수 없었다. 그 사람과의 사랑을 다져가기 위해서는, 장애 요인이 될 만한 모든 가능성을 파헤쳐볼 수밖에 없는 것이다. 굳건한 사랑으로 키워갈 생각이 아니었다면 애초에 시작도 하지 않았을 것이다. 냉정하게 생각해보고 내린 결론이었다. 여자는 스스로의 강인한 결심으로부터 마침내 힘을 얻었다.

남자가 이야기하지 않는 것들은, 그의 친구들을 통해 관찰하는 수밖에 없다고 결론지었다. 친구들의 이야기와 관점을 빌리면 그 사람이 걸어온 삶을 조금 더 객관적인 시각으로 볼 수 있을 테니까.

그녀는 앞으로도 여러 가지 측면에서 '지금까지 알지 못했던 다른 퍼즐'을 찾아내고, 그것들을 조립해 남자의 온전한 모습들을 조금씩 완성해가기로 했다. 좋은 친구든 나쁜 친구든, 앞으로도 그의 친구들을 통해 더 많은 것들을 알 수 있을 것이다.

19

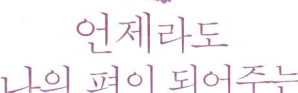

언제라도
나의 편이 되어주는

　오랫동안 여자의 이상형은 '강한 남자'였다. 초등학교 때 짝사랑했던 남자애에 대한 마음의 여운이 길게 이어졌던 것이 아닌가 싶다. 강한 남자에게 보살핌을 받고 싶었을 수도 있다. 터프하고 활동적인 남자들을 주로 사귀었다.
　그런데 그런 남자친구와 어울리다 보면 답답한 게 한두 가지가 아니었다. 남자들이 원래 이기적이라고는 하지만, 어쩌면 그렇게 여자의 마음을 헤아릴 줄 모르는 것인지. 무슨 생각을 하는지 알 수 없어서 답답하기도 했다. 자기 마음을 제대로 털어놓지도 않으면서, 어떻게 사귄다고 할 수 있는 것인가.
　어려운 취업 관문을 통과해 회사의 세련된 남자 선배들을 접하게 된 것을 계기로, 남성들에 대한 그녀의 이해가 깊어졌다.
　그녀가 파악한 남자들의 공통점 하나.

제아무리 엘리트라도 남자라는 속성은 다를 바가 없었다. 센 척하는 것. 특히 여자들 앞에서는.

쓸데없는 일에도 경쟁을 벌이는 남자 선배들을 관찰하며 어릴 적에 남자애들끼리 치고받고 싸우던 장면이 생각났다.

그런데 돌이켜 보면, 남자애들의 싸움에는 확실한 규칙이 있었다. '먼저 우는 쪽'이 지는 거였다. 굳이 주먹다짐을 하지 않아도 승패가 결정되는 경우도 있었다. 먼저 겁을 먹거나 동요하는 쪽이 패배자였다. 겁을 먹은 표정이 얼굴에 드러나면, 굳이 싸울 필요도 없는 모양이었다.

그런 개구쟁이들을 뻥튀기시켜 놓은 것이 남자 어른들이었다. 그러니까 남자들 세계에서 감정을 드러낸다는 건 남자답지 못하며 패배를 자인하는 것이나 마찬가지였다.

남자들이 마음을 간파당하지 않으려고 포커페이스로 강한 척을 하는 이면에는 숱한 승리와 패배의 역사가 깔려 있는 셈이다.

그런 남자들이 어떻게 감정을 섬세하게 표현할 수 있겠는가. 감정을 드러내는 것을 금기시해온 그들로서는, 여자 친구마저 자신의 아픈 상처를 건드릴까봐 마음속 깊은 곳에 스스로도 인식하지 못하는 뿌리 깊은 경계심을 갖고 있는 것이다.

여자가 사회에 나와서 처음으로 사귄 남자는 강한 척만 하는 사람이었다.

그녀는 그 경험을 통해 자신감이 없는 약한 남자일수록 과장되게 강한 척을 한다는 것을 알게 되었다. 약한 개가 지칠 줄 모르고 짖는 것처럼.

남자의 말은 늘 이런 식이었다.

'선배가 청와대에서 일하는데 말이야. 지금 우리나라를 움직이는 경제정책이 전부 그 형 머리에서 나왔잖아.'

'내 친구가 얼마 전에 슈퍼카를 뽑았는데 그거 몰아보니까 별 거 아니라더라. 그 친구네 집에 가면 벽 한 면이 수족관이잖아.'

강한 척하지만 속으로는 약한 남성들은 '목도리'를 애용하는 경향이 뚜렷하다. 강한 누군가를 '목도리'로 둘러 자신 또한 강한 남자라고 어필하려는 것이다. 아는 사람 혹은 몇 다리 건너 아는 사람들을 총동원해 자신의 목도리로 삼는다. 일종의 허세다.

그렇게 허풍을 떨어서라도 자신의 존재를 인정받고 싶은 게 남성들의 심리다. 자기 속이 비어 있어, 그 자리를 누군가의 인정으로 채워 넣고 싶기 때문이다.

남성들은 여성의 '만족과 감사'를 자신에 대한 최고의 인정으로 여긴다. 사랑하는 여성이 지금에 만족하고 심지어 감사까지 느낀다면, 그 이상의 기쁨이 없는 셈이다.

현명한 여성들은 이런 비밀을 알고 있다. 연인을 움직이는 최고의 동기가 비난이나 강요가 아닌, '만족과 감사를 통한 인정'임을 파악해 활용하는 것이다.

여자는 강한 척만 하는 남자와 아픈 사랑을 하면서 '인연의 의미'를 새삼 깨달았다.

인연因緣에서 인因은 '운명적인 것'을, 연緣은 '도와주는 것'을 제각각 상징한다고 한다. 따라서 '인'이 씨앗이라면, '연'은 그 씨앗이 싹을 틔우고 자라나 꽃을 피울 수 있도록 땅에 물 또는 영양을 주거나 빛이 잘 들게 하는 것이란다.

여자는 남자를 운명적으로 맞닥뜨린 것이 '인'이었다면, 나머지 '연'은 노력임에 틀림없다고 생각했다.

정말 좋은 사랑은 '운명적인 만남'만으로는 부족하니까, 서로의 부족한 점을 채워주는 '노력'으로 도와야 한다고 믿었다. 그래서 남자의 비어 있는 속에 자신감이 생겨날 수 있도록 만족과 감사의 표현을 아끼지 않았다.

그러나 강한 척을 일삼던 남자와의 사랑은 끝내 꽃을 피우는 데에는 실패하고 말았다. 인연이 아닌 모양이었다. 좋지 않은 모양새로 감정의 밑바닥까지 드러내며 졸렬하게 끝을 맺었다. 다른 사람들을 깔보고 함부로 대하던 그의 칼날이 결국에는 그녀를 향했던 것이다.

여자는 다음 주에 결혼 일주년을 맞이한다.

결혼정보회사의 소개로 만나, 아찔한 추억 같은 것도 제대로 만들어보지 못한 채 결혼을 했다. 능력이 대단하지도 않고 훤칠한 미남도 아니다.

결정적으로 그녀의 이상형인 '강한 남자'도 아니었다. 약골인데다 겁이 많아서 거실 형광등 갈아 끼우는 것마저 그녀의 몫이 되었다. 남편은 영화를 보거나 게임을 하는 것에서만 수준급이다.

그런데도 인연은 인연이었던 듯, 여자는 만족스러운 나날을 보내고 있다. 물론 아직까지도 시행착오를 겪어가며 배우는 중이지만.

출근길의 여자가 회사 로비로 들어서는데 남편에게서 문자 메시지가 왔다.

'깜빡 했네. 오늘 아침 메뉴는 된장국하고 고등어 반 마리라고 하자. 혹시 어머니한테 전화 오면 이렇게 말을 맞춘 것 까먹지 마.'

남편은 늦잠을 선택하는 대신 아침을 포기하는 스타일이다. 대학 졸업하고 직장을 다닌 이래 줄곧 그랬다고 한다.

그런데 신혼여행에서 돌아오자마자, 시어머니의 '아침은 잘 먹였느냐'는 전화 점검에 곧이곧대로 대답했다가 지금까지 후유증에 시달리는 중이다. 시어머니의 주장에 따르면 "전에는 아침을 꼬박꼬박 잘 먹었다"는 것이었다.

아침을 잘 챙겨먹는 아들이 어딘가에 따로 있는지는 알 수 없지만, 여자는 졸지에 신랑을 굶기는 철면피 며느리가 되었다. 화가 나서 몇 번은 남편을 깨워 대용식 같은 것을 억지로 먹여보기도 했다. 하지만 흔들어 깨우는 게 더한 스트레스여서 포기하고 말았다.

남편은 그 외에도 시어머니가 이것저것 탐문을 할 때마다 요령 있게 잘 대답하고, 그녀에게 미리 알려주어 서로 입을 맞춰놓는 기지를 발휘했다.

여자는 언제라도 확실하게 '나의 편'이 되어주는 그가 있어서 안심이 된다. 여자는 이제 '강한 남자'의 기준을 바꾸었다.

그녀에게 있어 가장 강한 남자란, 사랑하는 여인을 지켜줄 수 있는 섬세한 마음을 가진 남자인 것이다. 남자들끼리의 경쟁에서는 어떨지 모르지만, 결혼생활의 행복이라는 측면에서는 그녀의 남편이야말로 진정한 승자가 아닐까.

20

행복의 충돌,
초콜릿을 먹는 이유

여자는 무거운 김치 보따리를 식탁 위에 조심스럽게 내려놓았다.

"아! 힘들어. 언니! 시원한 물 좀 줘."

언니가 턱짓으로 냉장고를 가리켰다. 알아서 꺼내 먹으라는 제스처였다. 언니는 현관문을 열어주었을 뿐, 여자가 무엇을 얼마나 들고 왔는지는 상관도 안 했다. 곧바로 소파로 돌아가서는 TV를 보며 오도독 오도독 초콜릿을 먹는 것이었다.

여자는 차가운 물 한 잔을 한숨에 들이켜고 언니에게 잔소리를 해주었다.

"뭐야! 멀쩡하잖아. 아파서 일찍 퇴근한 거 아니었어? 그러면 직접 좀 가져가지. 엄마가 이거 언니네 갖다 주라고 얼마나 닦달을 했는지 알아?"

언니는 대꾸 없이 리모컨으로 채널을 바꾸었다. 며칠 사이에 살이 조금 찐 것 같다. 그런데 왜 이 시간에 초콜릿을 먹는 것일까. 소파 앞 탁자에는 풀어헤친 초콜릿 포장들이 어지럽게 흩어져 있었다.

여자는 남자친구와의 저녁 약속을 나가는 길에 엄마의 심부름을 해준 것뿐이었다. 엄마는 언니 집에 김치가 다 떨어져 큰일이라도 난 것처럼 전전긍긍했는데 막상 언니는 김치 보따리를 본 체도 하지 않았다.

"언니. 이번 주말에는 올 거지? 저번 주에 안 왔다고 엄마 아빠가 얼마나 기분이 안 좋은지 알아? 토요일하고 일요일 이틀을 쉬는데 뭐가 그렇게 바쁘다고 그래? 언니랑 형부가 안 오니까 엄마가 괜히 나한테 화풀이하잖아."

언니가 소리를 빽 질렀다.

"너까지 왜 그래? 제발 나 좀 내버려둬!"

여자는 버스에서 내려 지하도로 내려갔다. 언니가 그렇게 불처럼 화를 내는 것은 철이 든 후로는 처음 보았다. 언니는 가족들한테도 화난 모습을 좀처럼 보여주지 않는 스타일이었다. 이성적이며 냉철한 전문직 종사자답게 스스로를 포지셔닝해온 것이다. 하지만 그런 언니에게도 결혼생활은 낯설고 힘든 모양이었다.

지하상가의 화장품 가게 앞에 중국인 여자 관광객 한 무리가 몰려 있는 것이 눈에 들어왔다. 커다란 쇼핑 봉투를 들고 삼삼오오 대화를 나누고 있었다. 그중 몇몇은 초코바를 나눠먹고 있었다.

학부 때, 교양수업 시간에 들은 적이 있다. 여자들 중에는 스트레스를 받으면 초콜릿을 찾는 사람이 많은데, 이것은 초콜릿에 들어 있는 페닐에틸라민PEA이라는 성분이 사랑을 받을 때와 비슷한 기분을 만들어주기 때문이라고 한다.

언니는 상당한 양의 초콜릿을 먹고도 마음의 안정을 찾지 못한 것처럼 보였다. 언니의 눈에는 피곤과 짜증, 분노 같은 감정들이 혼란스럽게 뒤섞여 있었다.

"토요일은 시댁에 가고, 일요일은 우리 집에 가고……. 결혼하고 나서 주말에 마음 편하게 쉬어본 날이 하루도 없어. 시어머니는 걸핏하면 전화야. 일주일에 두세 번은 연락이 온다고! 들러서 저녁 먹고 가라고. 그럴 시간이 어디 있어? 회사에선 아이디어 내놓으라고 매일 닭처럼 쪼아대고 하루건너 12시까지 야근인데. 그러니까 너라도 날 좀 내버려둬야 할 거 아냐? 내 편이라면!"

상가의 귀금속 전문점에서 한 커플이 반지를 살피는 모습이 눈에 들어왔다. 스무 살이나 넘었을까. 커플링을 고르는 것 같았다. 여자는 그들이 부러웠다. '좋은 때다. 세상 물정을 몰라서 걱정이 없으니까.'

하지만 그런 생각을 해놓고는 부끄러워졌다. 자신도 오늘 언니의 화내는 모습을 보기 전까지는 결혼 후에 그런 일이 벌어질 거라고는 생각해본 적이 없었던 것이다.

주말마다 만나는 언니 부부는 행복해 보였다. 아침 일찍 집에 와서 엄마가 해주는 밥을 먹고 형부는 아빠와 바둑을 두다가 저녁을 먹고 돌아갔다. 여자는 남자친구와 결혼을 하면 언니 부부처럼 살고 싶었다. 그런데 정작 언니는 행복하지 않다는 거였다. 그것도 양쪽 가족들 때문에.

여자는 결혼에 대해 순진하게 생각했던 스스로가 한심하게 느껴졌다. 박사 과정 2년차면 뭐하고, 나이를 먹었으면 뭐하나. 진짜 삶에 대해서는 이토록 아는 게 없는데.

"국문과? 박사 학위 따봐야 교수밖에 할 것이 없잖아? 얘가 누굴 닮아서 이렇게 야무지지 못하고 물러터졌나 몰라. 좋은 남편 만나라고 박사 공부까지 시켰더니 겨우 국문과 박사를 만나?"

여자가 남자친구에 대해 이야기를 꺼냈을 때, 엄마는 더 들어볼 것도 없다는 듯 이렇게 이야기했다.

엄마는 의사 사위를 원했다. 실력이 좋아서 온갖 병원에서 모셔가려고 줄을 서는 정도의 의사. 듣고 있던 언니가 참견을 했다.

"국문과가 왜요? 국문과 나온 나도 취직해서 회사만 잘 다니는데 왜 국문과를 함부로 보고 그래요? 게다가 잘나가는 의사들이 얼마나 바쁜지 알아요? 그런 사람이 설령 얘랑 결혼을 하더라도 엄마는 사위 얼굴 보기도 힘들 걸요?"

엄마는 질색을 했다. 엄청 잘나고 돈도 많이 벌면서 엄마를 위해서는 언제라도 시간을 내줄 수 있는 사위 후보를 데려오라고 했다. 세상에 그런 사람이 어디 있다고.

그런데 이상하다. 엄마는 왜 나를 키운 보람을, 성공한 사위를 만나는 자기 꿈의 실현에서 찾아내려는 것일까. 여자는 갑자기 초콜릿이 먹고 싶어졌다.

결혼은 가족을 만들기 위해서 하는 것이다.

어떤 것이 이상적인 가족 모델인가에 대한 생각은 사람마다 다르다. 그럼에도 사람들은 제각각의 이상적인 가족을 어떻게든 현실에서 완성하려고 한다. 그리하여 각각이 갖고 있는 이상과 실제와의 괴리가 점점 커지면서, 구성원 가운데 어느 누구도 만족하지 못하는, 심지어는 고통스러운 현실이 펼쳐지는 것이다.

어른들에게는 함께 모여서 밥 먹고 시간을 보내는 것이 이상적인 가족의 모습일 것이다. 그런 이상을 실현하기 위해 수시로 자식 부부를 부른다. 먼 생산지까지 가서 싱싱한 음식 재료를 구입해오는 재미도 함께 누리고 싶어 한다.

반면 신혼부부에게는 '어쩌다 한 번 그렇게 하는 것'이 가족 이상형이다. 한마디로 시간이 부족한 것이다. 지금 세상에선 부모님의 시대 같은 아날로그적인 여유를 기대하기 어렵다. 경쟁에서 밀리지 않으려면 해야 할 것들이 첩첩산중이다. 이제 갓 결혼한 두 사람끼리 하고 싶은 것들 역시 헤아릴 수 없을 만큼 많다.

이런 차이는 '옳고 그름'의 판단 기준으로 명쾌하게 가릴 수 있는 것이 아니다. 부모와 자식 세대는 살아가는 시대가 다르고 사고방식이 다를 수밖에 없는 것이니까.

"네 얘기 들으니까 생각났다." 남자가 빨대로 아이스커피 잔의 얼음을 휘저으면서 말했다. "유몽인의 어우야담 중에 이런 대목이 있어. 세상을 떠나는 아버지가 아들에게 당부하는 거야. '너는 제발 효자가 되지 말아라' 하고 말이지."

"왜? 왜 효자가 되지 말라는 건데?"

"그 당시에는 상례喪禮의 절차가 엄청 복잡했거든. 그런 수많은 과정을 하나하나 따르다가는 멀쩡한 아들이 오히려 병이 날 지경이었으니까. 그걸 풍자한 거야. 죽어가면서도 자식을 걱정하는 부모의 마음이 담긴 것이기도 하지만."

고전문학을 전공한 국문학 박사다운 얘기였다. 여자가 또 물었다.

"그런데 그 얘길 왜 하는 건데?"

남자가 웃었다.

"언니가 광고대행사 카피라이터라면서? 가뜩이나 여유도 없을 텐데 양쪽 집에 그렇게 시간 빼앗기면서 일에 지장을 받으면 얼마나 힘들겠어? 그렇지만 조금 두고 봐. 자식 이기는 부모는 없으니까. 자식이 신혼이니까 기특하고 예뻐서 자꾸 보고 싶고, 밥 한 끼라도 같이 먹고 싶은 게 부모 마음이겠지. 하지만 그런 걸로 인해 자식이 고통스러워한다면 어느 부모가 계속 고집을 피우겠어? 내 얘기는 그거야."

여자는 탁자 위에 흩어진 초콜릿 포장들이 생각났다. 언니의 오도독 오도독 깨물어 먹던 소리도.

걱정이 됐다. 언니가 이러다가 옛날처럼 도로 살이 찌는 것은 아닌지. 죽기보다 힘들었던 다이어트를 어떻게 다시 하려고.

"모르겠어. 난 오늘 언니의 그런 모습을 보고 쇼크를 받았어. 결혼생활이라는 게 생각만큼 쉬운 건 아니구나 하는 생각도 들었고. 많이 혼란스러워. 그런데 혹시…….."

여자가 남자의 눈을 정면으로 마주보며 물었다.

"자기네 부모님도 나중에 우리 결혼하면 수시로 밥 먹자고 부르는 거 아냐?"

남자가 얼음 하나를 집어 와드득 깨물어 먹으면서 대답했다.

"그거야 모르지. 하지만 적어도 우리 어머니는 다양한 삶의 방식을 인정하는 편이니까 그건 마음을 놔도 될 것 같은데? 게다가 남에게 해를 입히지 않는 모든 사랑은 존중받을 권리가 있으니까, 우리 스스로도 존중받으려고 노력을 해야겠지."

여자는 남자의 얼굴을 보면서 잠시 생각에 잠겼다. 그리고 스스로에게 질문을 던져 보았다. 사랑을 존중받기 위해서는 어떤 노력을 얼마만큼 기울여야 하는 것인지.

21

현실주의 사랑을 위해
미리 이야기해야 할 것들

여자는 결혼을 준비하면서, 친구들보다 늦은 결혼이 오히려 다행이라는 생각을 여러 번 했다. 친구들을 보면서 배워둔 것들이 큰 도움이 되었기 때문이다.

여자는 사랑만으로는 '결혼의 현실화'와 맞서기 어렵다는 것을 친구들의 결혼을 지켜보며 깨달았다. 또한 사랑은 로망이며 그것을 현실화하기 위해서는 치밀한 생각의 준비가 필요하다는 것을 알았다.

그녀는 상대 쪽의 핵심을 찾아내고, 둘이 동시에 원하는 것들을 만족시키는 방향으로 이야기를 집중했다.

"집도 좁은데 이렇게 큰 TV는 부담스럽지 않을까? 이 냉장고는 들어가지도 않겠어. 맞벌이하면서 집에서 밥 먹을 일도 많지 않을 테고. 게다가 전세니까 몇 년에 한 번씩은 이사를 다녀야 하잖아. 좋은 가구를 사봐야 이사 다니다가 깨지고 흠집 나면 보기 싫겠지."

인터넷에서 뽑아낸 리스트를 보면서 여자가 볼펜으로 가위표를 그렸다.

"자기가 어머니한테 여쭤봐. 나도 넌지시 알아볼게. 틀림없이 원하시는 것이 있을 거야. 우리, 이 돈 아껴서 어머니한테 필요한 거 해드리자. 자기 어머니한테 지금부터 잘 보여야 나 시집살이 안 시킨다는 거 알지?"

남자는 시키는 대로 했다. 그날 밤 늦게 여자에게 전화를 걸어 어머니가 바라는 것을 알려주었다. 어머니의 입이 귀에 걸렸다는 귀띔에 여자는 안도의 한숨을 쉬었다. 그 정도라면 세간 살 돈을 아껴서 충분히 해드릴 수 있다.

결혼식의 주인공은 신부다. 하지만 결혼을 준비하면서 속을 시커멓게 태워본 후에야 깨닫게 되는 진실이 하나 있다. '숨은 주인공'이 또 한 명 있다는 것이다. 바로 시어머니다.

많은 여성들이 자기 결혼식에만 들떠 '이면의 진실'을 간과했다가 시어머니의 마음에 '마르지 않는 미움의 우물'을 파는 경우가 많다.

"너 그렇게 안 봤는데 된장녀냐? 그런 명품 가방 같은 것들이 왜 필요해? 네 허영심 채우려고 결혼하는 거야?"

결혼할 남자에게 모욕을 당한 친구가 있었다. 친구는 "모피코트를 내놓으라는 시어머니의 요구는 당연하고, 내가 가방 사달라면 된장녀인 거냐"면서 "결혼이고 뭐고 다 때려치우겠다"고 펑펑 울었다.

여자는 그런 모습을 보면서 사랑으로 결혼하는데, 왜 볼썽사나운 거래를 하며 서로를 향해 이것저것 재고 따지는 것인지 이해할 수 없었다.

그러나 여러 친구들의 결혼을 통해 차츰 사랑에도 현실주의적 관점이 반드시 필요하다는 생각을 하게 되었다. 현실에 뿌리를 둔 사랑을 하려면, 때로는 눈 딱 감고 협상을 감당해야만 하는 것이다. 현실은 생각만큼 합리적이지 않은 경우가 종종 있다. 그리고 결혼과 그 이후의 생활은 현실의 범위에 속한다.

내 마음대로만은 절대로 되지 않는 것이 결혼 준비였다. 제아무리 '의식 있는' 여성이라도, 희망 사항이 많고 깐깐한 시어머니 자리를 만나면 그런 '의식'을 발휘할 곳을 좀처럼 찾을 수 없게 된다. 더구나 남의 결혼을 가지고 떠들어대는 입들은 왜 그리도 많은 것인지.

그녀 생각에 한국사회에는 '결혼 검사'라는 독특한 의식이 있다. 학교의 숙제검사나 청소검사처럼, 결혼식에 맞춰 주변 사람들로부터 반드시 '결혼 검사'를 받아야만 한다. 신부는 반지와 핸드백, 예복 같은 것들로, 시어머니 또한 며느리에게서 받은 것들로 주변 사람들에게 검사를 받는 것이다.

검사를 무난하게 통과하기 위해서는 '적어도 남들만큼'은 갖춰야 한다. 무사히 통과되면 '결혼, 참 잘했어요'란 도장을 받는다.

여자는 오랜 고민 끝에, 마음 편하게 속물이 되기로 했다. 다른 친구들이 받은 예물을 보고 욕심이 발동한 것을 스스로 인정했다. 뒤처지고 싶지 않다는 생각도 강했다.

두려움을 받아들인 결과였다. '의식 있는 여성'의 태도로 일관한다면 수많은 친구와 선후배 기타 등등 관계자들의 결혼 검사를 꿋꿋하게 넘길 수 있을지도 모른다. 그러나 당당함으로 그들을 보내고 난 뒤에는 어쩐지 휑한 허전함이 남을 것만 같았다. 그게 두려웠다. 끝까지 당당하게 자기합리화를 할 수 없을 것만 같아서.

오스카 와일드가 '냉소하는 사람은 모든 것의 가격은 알고 있지만 아무런 것의 가치도 알지 못하는 인간'이라고 했다는데, 여자는 결혼이라는 평생 한 번의 기회에 그동안 가격만 알고 있었던 것들의 가치를 직접 체험해보고 싶어졌다.

그렇게 포기하고 나니까 마음이 한결 편해졌다. 더구나 양쪽 집안이 감당할 수 있는 범위 안에서 원하는 것을 얻을 수 있는 방법이 없지 않았다.

반지와 가방에 대한 이야기를 남자에게 이렇게 꺼냈다.

"나, 반지랑 가방은 꼭 이걸로 하고 싶어. 그 대신 다른 것들은 과감히 포기할게. 반지랑 가방 쪽으로 몰아주기를 하자. 어차피 여자들은 이렇게 두 가지만 보거든. 난 사람들이 우리를 우습게 보는 것은 싫단 말이야."

여자가 이때 생각한 것은 선택과 집중이었다.

꼼꼼하게 따져보니까 결혼식의 모양을 잡느라 들어가는 헛돈이 너무 많았다. 이유도 뚜렷하지 않은 것은 물론 관례대로, 혹은 남들이 하니까 따라 하는 것이 부지기수였다. 평생에 한두 번이나 돌아볼까 말까 한 것들.

남자는 여자의 주장을 들으면서 고개를 끄덕였다. 굳이 반대할 이유가 없었다. 돈이 더 들어가는 것도 아니고 합리적인 선택이다 싶었다.

"그래. 그렇게 하자."

여자는 '협상'이라는, 다소 거부감이 드는 용어를 결혼 준비의 일환으로 받아들였다. 이를테면 혼수 협상이었다.

'협상'임을 솔직하게 인정하지 않을 경우, 서로 눈치만 보다가 상처를 주고받을 가능성이 크다는 경험자 친구들의 조언에 따른 것이었다.

협상은 잠깐 노력한다고 쉽게 이루어지는 것이 아니다. 주변을 살펴보면 연애를 할 때부터 서로에게 솔직담백했던 연인이 협상을 수월하게 매듭짓는 경향이 있었다. 그들의 사랑은 서로에게 가식을 보이지 않는다.

반면 많은 커플이 연애를 할 때 현실은 쏙 빼놓는다. 속물로 보이기 싫어서 무던히도 애를 쓴다. 이미지를 관리하기 위해 눈치를 보며, 다른 한편으로는 상대에게 받을 것을 기대하고 부푼 꿈을 꾼다.

그러다가 진실의 순간을 맞이하게 된다. 결혼 즈음에서야 서로의 본바탕이 갑자기 드러나는 것이다. 상대가 자신의 기대를 채워주지 못하면, 배신감에 '나를 이 정도로밖에 보지 않았느냐'며 분노를 쏟아낸다.

여자는 협상에서 '먼저 포기하기' 태도를 보여주었다. 그녀는 매끄럽게 협상을 타결 짓기 위해서는 상대보다 먼저 포기할 줄 알아야 한다고 생각했다. 물론 이런 선택이 쉬운 것은 아니다. 이것도 욕심이 나고 저것도 마음에 들어서 무엇 하나 포기하고 싶지 않은 것이 일반적인 심리다.

그러나 꼼꼼하게 따져보면 욕심에도 우선순위가 있다는 것을 파악하게 된다. 우선순위를 다시 점검하는 과정에서 뒤쪽에 있는 것들은 포기해도 무방한 '포기 가능 리스트'가 만들어진다.

여자는 좋은 세간을 과감하게 포기한 대신 '시어머니의 눈에 들기'로 연결시켰다. 맞벌이 주부에게 커다란 냉장고며 오븐, 고급 식기 같은 것이 의미가 없다는 현실적인 판단을 내렸기에 가능했던 협상카드였다. '쓰지도 않을 것, 괜히 모델 하우스 만들 일 있냐'는 것이 그녀의 명분이었다.

다음으로 선택과 집중을 통해, 자신에게 의미가 덜한 아이템들을 포기하는 대가로 좋은 반지와 가방을 받기로 했다. 여자가 아는 범위에서, 그 정도 수준을 받는 것은 친구들 중에서 처음이었다.

친구들은 놀라며 부러워했다.
"세상에! 그렇게 해달라고 네 입으로 말했단 말이야? 시댁 사람들한테 속물이란 소리 들으면 어쩌려고?"

여자는 그러나 속물로 보여도 상관이 없다고 생각했다. 자신 있게 협상했고, 그 결과 시어머니를 기쁘게 해드린 데 이어 꿈에 그리던 아이템들을 얻게 되었으니까.

의식 있는 여성으로 보이는 데만 신경을 썼더라면 이런 윈-윈winwin이 과연 가능했겠는가. 시어머니도 친척들에게 "며느리 될 애가 보통 똑똑한 게 아니어서 아들 걱정은 한시름 덜었다"며 자랑했다고 한다. 줄 것은 과감하게 주고, 받을 것은 확실하게 챙기는 태도부터가 야무져서 마음에 들었다는 것이었다.

여자는 웃음을 지으며 친구들에게 말했다.

"괜찮아. 남들이 속물이라고 하기 전에 내가 먼저 속물 하면 되지. 엘레노어 루즈벨트가 이런 말을 했다더라. '어느 누구도 당신에게 열등감을 안겨줄 수 없다. 당신이 허락하지 않는다면 말이다.' 나는 속물이어도 괜찮아. 하나도 안 창피해."

여자는 결혼의 첫 단추를 잘 채웠다며 스스로 만족한다. 결혼을 흔들어댈 가장 무서운 입들에 재갈을 물리는 데 성공했으니까. '그것밖에 못 받았느냐'면서 불화를 부추기는 주변의 수많은 입들.

신부와 시어머니가 챙기고 싶어 하는 품목들은, 이미 시장 조사를 끝낸 결과를 반영한 것이기도 하다. 주변의 온갖 구설을 막는 데 필요한 입마개이자, 자존심을 지키기 위한 방어 아이템인 셈이다.

여성들이 결혼 검사를 그토록 두려워하는 까닭은, 주변 사람들로부터 인정받지 못할 경우, 그 자존심의 상처가 마치 흉터처럼 남아 없어지지 않기 때문이다.

흉터는 그 후 결혼생활에 있어 틈만 나면 누군가를 원망하는 계기로 작용할 가능성이 높다. 뿐만 아니라 서로에 대한 신뢰와 사랑이 싹틀 틈마저 주지 않는다. 혼수 문제로 인한 갈등이 결국에는 좋지 않은 결말로 이어지는 데는 그만한 이유가 있는 것이다.

만족할 만한 협상 결과를 이끌어낸 그녀로서는 결혼 검사의 덫에 빠지지 않으려면, 사귈 때부터 현실주의 사랑을 통해 믿음을 키워가는 지혜가 필요하다고 강조하고 싶었다.

22

사랑하는 여자를
악녀로 만드는 조건

"정말. 질린다. 너."

자리에서 일어서기 직전에, 남자는 여자로부터 그런 말을 들었다. '당분간 생각할 시간을 갖자'는 표면적인 합의가, 실제로는 '두 번 다시 얼굴 볼 일이 없도록 하자'는 의미를 내포하고 있음을 그렇게라도 확인시켜주고 싶었던 것일까.

'진짜로 질린 게 누군데.'

남자는 쏘아주고 싶었다. 불만의 엑기스만 뽑아서 버무려 놓으면 저렇게 되려나. 많이 봐온 표정이었다. 하지만 이제는 상관이 없었다. 일분일초라도 빨리 그녀에게서 벗어나고 싶었다. 오죽하면 당분간 여자라는 생물 근처에는 얼씬도 하지 않겠다는 다짐까지 했을까.

카페 문을 나서 스무 걸음 남짓 걸었을까. 자기도 모르게 여자 쪽을 돌아보았다. 그것마저 습관이 된 것 같았다. 죽어라 싸우고 화해한 게 몇 번이었던가.

여자가 얼굴을 가린 채 울고 있는 게 보였다. '쿵' 하고 커다란 바위 하나가 가슴 위로 떨어진 것 같은 충격이 전해졌다. 슬픔과 죄책감, 미안함 등이 범벅이 된 채로 콧구멍 속으로 맹렬하게 돌진해왔다. 눈가에 저릿한 기운이 느껴졌다.

하지만 남자는 어금니를 꽉 물고 성큼성큼 빠른 걸음으로 멀어졌다. 이번에도 우유부단하게 무릎을 꿇었다가는 그녀의 손아귀에서 평생 벗어나지 못할 것만 같았다.

"그래서 날더러 어쩌라고?"

항상 그랬다. 남자는 여자가 자신에게 무엇을 원하는지 도무지 알 수 없었다. 그것을 얘기해주었으면 좋겠는데, 여자는 오히려 남자의 태도를 문제 삼아 발끈했다.

"저것 봐! 내가 말하면 제대로 듣지도 않고 화만 내면서 무슨 말을 하라는 거야. 지금까지 내 얘기를 끝까지 들어준 적이 한 번이나 있어? 없잖아!"

말다툼은 언제나 그렇게 시작됐다. 남자는 여자의 끊임없는 투정과 신경질을 받아주다가 마침내 폭발하고 나면 기운이 쭉 빠져서 입을 다물어버리곤 했다. 좋아해서 사귀기 시작했는데, 왜 만나기만 하면 미칠 것처럼 괴로워지는지 알 수 없었다.

그건 다른 남자들도 마찬가지일 것이다. 남자는 자신이 여자에게 무엇을 잘못했는지 명쾌하게 깨닫게 해주기를 원한다. 그것을 알아야 개선할 것 아닌가. 하지만 여자들은 속 시원하게 이야기하는 법이 없다.

남자들의 사고 체계로는 좀처럼 알아챌 수 없는 그것의 속내는 이렇다.

'나 지금 힘드니까 위로해줘.'

여자들은 남자가 그것을 은근히 알아주기를 원한다. 그래야 진짜 사랑이라고 생각하는 것이다.

현대사회를 살아가는 여성들은, 역사상 어느 시기의 여성들보다 불행한 삶을 살아가고 있다. 남자들 관점에서는 납득할 수 없을 것이다. 옛날 여성들에 비하면 물질적인 풍요는 물론 사회적 성공까지 누리고 있는데 더욱 불행하다니.

하지만 자세히 들여다보면 다 그만한 이유가 있다. 경쟁에서 승리하는 것과 목표를 달성하는 데에서 보람을 찾는 남성들과 달리, 여성은 배려와 협력을 통해 공감을 하며 행복을 느낀다. 친구들과 대화를 나누면서 서로를 보살펴주는 한편 보살핌을 받는다. 그런 과정에서 스스로를 사랑하는 마음이 뿌리를 내린다.

전에는 마음을 터놓을 수 있는 다양한 커뮤니티가 있어서 여성들끼리 관심사를 주고받으며 마음의 균형점을 찾는 것이 어렵지 않았다.

그런데 하루가 다르게 바뀌어가는 세상은 여성들에게 더 이상 그런 여유를 허용하지 않는다. 학교부터 직장에 이르기까지 무한 경쟁

및 적자생존의 법칙이 가혹하게 적용되고 있는 것이다.

주변 사람들과의 교류는 경쟁을 위한 정보 교환 및 탐색전의 양상으로 바뀌고 있으며, 그 과정에서 얻는 불안과 스트레스가 여성의 일상을 뒤흔드는 핵심 요인으로 급부상했다.

여성들은 '관계'를 유지하는 것을 중요하게 생각하는데다 예민하기 때문에 남성들에 비해 스트레스에 취약하다. 여성들이 남성들에 비해 우울증에 걸릴 확률이 2배가량 높으며 불안감은 4배나 더 느낀다는 분석도 있다.

주변 모두가 경쟁자로 변해버린 듯한 불안감은 여성들을 점점 더 깊은 고립감에 빠지게 만든다. 그런 두려움으로 인해 여성들은 예전보다 사랑에 더욱 많이 의존하려 한다. 사랑하는 이가 자기 마음을 이해해주고 위로해주기를 바라는 것이다. 그렇다고 대단한 위로를 바라는 것은 아니다. 그저 사랑받고 있다는 느낌이면 충분하다.

그러나 사랑하는 남자는 이렇게 말함으로써 그녀의 가슴에 절망의 창을 찔러 넣는다.

"왜 이렇게 성가시게 구는 거야?"

남자에게 이해를 거부당한 여자는 더욱 깊은 외로움의 수렁으로 빠져든다. 외로움이 악녀를 만든다.

남자는 며칠간 일손이 잡히지 않았다. 남자는 '여자들이란 근본적으로 이해할 수 없는 종족'이라고 생각해왔다. 같은 언어를 사용하는데도 대체 무슨 얘기를 하는 것인지, 무엇을 원하는지 알 수 없었다. 여자들이 원래 정서적 충족을 위해 자기 기분을 말한다고는 하지만, 이야기에 '팩트'가 없고 쓸모없는 얘기뿐인데 무슨 소통을 할 수 있단 말인가.

남자는 버스에 올랐다. 여자의 집 근처로 가서 먼발치에서나마 지켜보고 싶었다. 어떻게 지내는지. 아프지는 않은지 궁금했다. 그녀의 얼굴을 떠올리자, 넘어져 까진 무릎마냥 마음이 쓰라렸다.

흔들리는 차 안에서 손잡이를 붙잡고 '만약 그녀와 결혼했다면 어땠을까' 하고 상상해보았다. 그는 스스로를 진보적인 지식인이라고 자부해왔다. 가부장제 사고에서 헤어나지 못해 아내를 '어머니와 하인의 중간쯤'으로 여기는 대부분의 남성들과는 많이 다를 것이라고 믿었다.

그런데 지금 스스로를 돌이켜보니 꼭 그렇지도 않은 것 같았다. 사귀는 동안 그녀를 많이 존중해주었다는 느낌이 들지 않았다.

어머니가 걸핏하면 누이에게 하던 말씀이 떠올랐다. "좋은 남자를 만나면 공작이 되지만, 남자를 잘못 만나면 평생 당나귀 신세인 거야." 어머니는 늘 자신을 '당나귀 신세'라고 한탄했다.

그 순간, 버스가 급정차했다. 남자는 활을 떠난 화살처럼 앞쪽으로 튕겨져 운전자 보호벽에 머리를 세게 부딪치고는 바닥에 내동댕이쳐졌다. 순간적으로 의식이 까무룩 사라질 만큼 큰 충격이었다.

"앗! 미안합니다. 괜찮아요?"

운전기사의 말이 어렴풋이 들리는 가운데, 남자는 까맣게 잊었던 한 가지 '팩트'를 발굴해냈다.

언제였더라. 군대에 있을 때였던가. 책에서 읽고 마음에 새긴 구절이 있었다. '남자의 사랑이란, 아끼는 여자를 자기 인생에서 가장 특별한 존재로 인정해주는 것'이라는. 남자는 그때 결심했었다. 나중에 사랑하는 여자가 생기면 반드시 그렇게 하겠다고.

"괜찮아요."

남자는 일어나서 옷을 털며 운전기사에게 대답해주었다.

사랑을 확인받지 못하는 여자에게 부족한 것은 '존尊'이라는 한 글자다. 존중받지 못하는 여자에게는 건강한 자존감이 생기지 않는다. 자존감이 약한 여자는 내면으로부터 병들게 되어 있다. 밑바닥을 알 수 없는 외로움이라는 병.

남자는 '그녀의 남자 노릇'을 제대로 하지 못한 스스로에게 깊은 죄책감을 느꼈다. 사랑한다면서도 그녀를 특별한 존재로 인정해준 적이 없었다.

남자는 이제야 자기 문제가 뭔지 알 것 같았다. 스스로의 의지로 그녀에게 귀를 기울여본 적이 없었다. 대충 흘려듣고는 딴청을 피우다가 '원하는 게 도대체 뭐냐'며 몰아세우기만 했다. 그녀가 원하는 건 대단한 게 아니었다. 그저 '공감해 달라'는 것이었다.

사랑이란 공감이며, 깊은 공감은 훈련을 통해 만들어지는 것이란 점을 남자는 알고 있었다. 그런데 왜 그렇게 하지 못했을까.

균형을 잡지 못했기 때문이 아닐까. 그녀가 원하는 '완전한 몰입'으로서의 공감과, 자신이 원하는 '서로에 대한 이해'로서의 공감이 마치 시소처럼 번갈아 오르고 내리다가 어느 순간에는 균형을 이뤘어야 했다.

그러기 위해서는 '나에게 몰입해줘'라는 그녀의 요구에 먼저 응해줄 필요가 있었다. 설령 그것이 남자의 관점에선 여성들 특유의 환상에 불과해 보일지라도.

남자는 '공감'이라는 대목에서 마음 한구석이 찌르르 울리는 것을 느꼈다. 그제야 깨달았다.

여자의 애매한 화법은, '도대체 왜 저러나' 하다가 쉽게 잊어버리고 말 대상이 아니었다. 여자는 그의 공감을 얻고 싶어 그렇게 말하는 것이었다. 원하는 것을 직설적으로 말했다가 혹시라도 이상하게 받아 들일까봐 걱정부터 하는 게 그녀의 여린 마음이었다.

상대가 원하는 것을 먼저 해주는 것이 사랑이었다. 아주 단순한 이치이다.

사랑을 시작했을 때, 그녀의 마음을 얻기 위해 가슴 졸일 때에는 지극히 당연했던 것을 언제부터 까맣게 잊고 있었던 것일까.

차창 밖으로 횡단보도 건너편에 서 있는 그녀가 보였다. 남자는 다급하게 외쳤다.

"아저씨! 여기서 좀 내려주세요!"

23

평생 행복,
결혼 3년 안에 결정된다

"집에 오기만 하면 TV부터 켜는 것 있지? 잔소리를 하면 방으로 가서 컴퓨터 게임을 하고, 주말에는 시댁에 가서 종일 잠만 자. 왜 그렇게 게으른지 몰라. 처음엔 배신감을 느꼈는데 이제는 완전히 포기했다니까."

오랜만의 동창 모임. 남편 안부를 묻는 질문이 돌다가, A가 먼저 불만의 포문을 열었다. B도 뒤질세라 가세했다.

"그러게 말이야. 슬슬 바뀌는가 싶더니, 어느새 완전히 다른 사람이 되어 있는 거야. 이런 남자인줄 왜 몰랐을까. 내가 정말 눈이 멀었었나봐."

여자는 친구들의 이야기에 공감한다. 사랑에 빠진 사람은 자신의 가장 좋은 면을 상대에게 투영한다. 상대를 이상적으로 인식해 아름다운 관계를 만들어가고 있다고 믿는다. 좋은 것만 발견하려 한다.

실제로 과학자들은 사랑에 빠진 사람들의 뇌에서 공통점을 발견했는데, 하나같이 편도체 부분의 활동이 억제되어 있다는 것이었다. 편도체는 부정적인 감정을 관할하는 곳으로 알려져 있다. 사랑이 편도체의 부정적인 분석을 가로막아 상대의 좋지 않은 점까지 눈감아 주는 셈이다.

C의 얘기가 가장 가슴이 아팠다. 그녀는 출세 지상주의 남편으로부터 버려진 듯한 느낌에 힘겨워하고 있었다.

"너희들은 남편이 곁에 있어주기라도 하지. 이 남자는 매일 야근에 회식이라 얼굴도 못 봐. 주말에는 높은 분들한테 잘 보이겠다면서 골프나 치러 다니고……. 이럴 거면 결혼은 왜 했는지 모르겠어."

C의 얘기에 혀를 차던 친구들의 시선이 모임에 참석한 유일한 남자 동창 D에게로 향했다.

"솔직히 말해봐. 너도 나중에 결혼을 하면 그렇게 바뀔 거야? 남자들은 도대체 왜 그러는 거니?"

D가 웃으면서 말했다.

"골프나 치러 다닌다고? 너희들이 몰라서 그렇지, 골프가 얼마나 좋은 운동인데……."

여자가 애매한 분위기를 돌리기 위해 입을 열었다.

"그거 아니? 결혼의 성공과 실패를 가르는 분수령이 대략 3년 정도래. 결혼하고 나서 3년간 사랑을 잘 이어가면 평생을 행복하게 살아갈 가능성이 높아진다는 거야."

"정말?" "어머, 나, 올해가 딱 3년차인데."

친구들이 관심을 보였다. 가장 먼저 결혼한 C가 3년차로 접어들었고 나머지 친구들은 1~2년 정도였다. D는 사귀던 여자와 작년에 헤어졌다고 했다.

"어떤 심리학 전문가가 얘기한 건데, 사랑은 깊어질수록 상대가 나와 다르다는 점을 끊임없이 확인하게 되는 고통스러운 과정이라는 거야. 사랑하기 때문에 둘이 같기를 원하지만 달라서 서로를 이해할 수 없으니까 힘겹다는 거지."

여자의 설명에 친구들이 고개를 끄덕였다. 모두가 뼈저리게 느꼈을 것이다. 철이 없을 때에는, 사랑만 하면 아름다운 꿈을 이룰 수 있을 것이라고 믿었다. 그러나 현실의 사랑은 고통스러웠다.

남자들은 결혼 이후로 점점 보수화되는 경향이 있다. 결혼 전에는 일상이었던 영화 보기와 외식, 쇼핑 같은 것들이 점차 사라진다. 대신 TV와 컴퓨터, 낮잠, 양쪽 집 방문 같은 것들이 그 자리를 차지한다.

무엇보다도 대화가 사라졌다는 것이 가장 슬프다.

그러다 보면 야속하다는 생각이 들게 되고, 그간 남자에게 쏟은 애정과 노력을 반추해보게 된다. 결국 사랑에 대한 정당한 대가를 돌려받지 못하고 있다는 분노가 고개를 치켜들면서 서로에게 힘겨운 순간이 다가오게 된다.

그런 순간이 결혼 3년 안에 집중적으로 찾아오는 것이다. 사랑에 한참 빠졌을 때에는 억제되어 있던 편도체 부분이 결혼 후에 다시 활동을 시작하면서 말이다.

"안정된 사랑을 위해서는 처음에 품었던 환상이 깨지고 또 깨져야 하는 거래. 서로의 다른 점을 파악하고, 여러 가지 어려움들을 이겨내면서 코드를 맞춰야 한다는 거야. 그런 과정이 대략 3년이란 시간 동안 펼쳐진다는 거지. 그러니까 연애 시절부터 지속해온 사랑의 뒷심으로 그 3년을 잘 버텨내야 한다는 거야."

유일한 남자 동창 D가 여자의 말을 이해했는지, 나직하게 한마디를 내뱉었다.

"그러니까 결혼 후 3년 동안은 사랑에도 '팔로우 쓰루의 원리'를 적용해야 한다는 뜻인 건가?"

여자 동창들이 물었다.

"팔로우 쓰루? 그게 뭐야?"

D의 말에 따르면 팔로우 쓰루follow through는 골프나 야구 같은 운동에서 공을 따라가듯 팔을 끝까지 밀어주는 것을 뜻한다고 한다. 팔로우 쓰루는 힘과 정확도를 향상시키는 기본이자 정석이란다.

여자는 D가 골프 스윙에서 팔로우 쓰루가 어떤 역할을 하는지, 자세하게 늘어놓는 것을 들으면서 생각에 잠겼다.

그녀는 결혼한 지 1년도 되기 전에 심각한 위기를 겪었다. 한동안 억눌렸던 감정이 '거짓말'을 계기로 폭발해 서로의 가슴을 무자비하게 할퀴어 놓았다. 위기가 닥치자 주변 사람들도 도움이 되지 않았다. 해준다는 말이 고작 '덮어버리고 잊는 게 약이다'는 정도였다.

남편은 물론 시댁식구 모두가 합심해 여자를 속였다. 남편은 이혼

남이었다. 혼인신고를 하기 전에 갈라서는 바람에 호적에는 기록이 남지 않았다. 여자는 그 사실을, 윗동서의 '의도적인 실수'로 알게 되었다. 남편은 마지못해 인정하며 용서를 구했지만, 여자의 마음에는 이미 불신의 틈이 벌어져 있었고 시댁 갈등을 계기로 큰 싸움으로 번졌다.

하지만 여자와 남편은 전문가 상담을 통해 여전히 서로를 이어주고 있는 사랑의 미세한 신경회로를 찾아냈고, 그것을 통해 마음의 교류를 조금씩 이어가기 시작했다.

두 사람은 서로의 관계를 회복하기 위해 연애 시절에 찍었던 사진들을 함께 보며 이야기를 나누었고, 데이트할 때 자주 다녔던 식당이나 추억의 장소들을 찾아가 보았다. 남편은 이따금 꽃이나 선물을 사들고 들어와 깜짝 이벤트를 벌여주었다. 그런 노력들 덕분에 이제는 오히려 전보다 더욱 편안하게 서로를 마주할 수 있게 되었다.

D의 이야기를 듣고 있자니 그동안 두 사람이 기울인 노력들이 일종의 '팔로우 쓰루'였다는 생각이 들었다.

여자가 그런 과정을 체험하면서 깨달은 것 두 가지.

하나는, 강렬한 본능적 사랑에서 안정적이고 편안한 사랑으로 서로에 대한 기대가 바뀌자, 실망과 불만이 줄어든 대신 즐겁고 긍정적인 경험이 늘어났다는 점이었다.

또 하나는, 부부의 사랑은 연인 시절과는 방향이 달라야 한다는 점이었다. 연인 시절의 사랑은 나무의 가지처럼 위로 뻗어 잘 드러나는 데 비해, 부부의 그것은 밑으로 뿌리를 내리는 경향이 있었다.

착근하는 데 다소 시간이 걸리는 대신, 매우 단단해서 어지간한 충격에는 끄떡도 하지 않는다.

그러니까 결혼 후에 사랑이 눈에 잘 드러나지 않는다고 너무 걱정하거나 불평할 필요는 없는 것이었다.

여자는 D의 말에 맞장구를 쳐주었다.

"정말 딱이다! 팔로우 쓰루라는 용어가 결혼에도 잘 맞는 것 같아. 결혼 후 최소한 3년 정도는 연애 시절의 감정을 유지하기 위해 둘이서 함께 노력하는 게 중요하대. 서로를 기분 좋게 배려해주고, 상대의 취향을 이해하고 존중해주면서 인내심을 발휘하는 것 말이야."

C가 여자에게 물었다.

"D야 워낙 운동을 좋아하니까 팔로우 쓰루인지 뭔지를 안다 치고……. 너는 어떻게 된 거야? 완전 전문가 같은 거 있지? 어떻게 그런 걸 다 알아?"

여자는 손사래를 쳤다.

"전문가는 무슨……. 나, 작년에 많이 안 좋았잖아. 그때 얘기하자면 한도 끝도 없고……. 어쨌든 우리 모두 지금 큰 문제는 없으니까, 결혼 3년차를 마무리 지을 때까지 예쁘게 잘들 살아보자는 얘기야."

결혼을 하고 나서 시간이 흐르면 '미칠 것 같은 연애'의 황홀감은 맹물을 섞은 것처럼 차차 희석된다. 그런 변화를 느낄 때마다 허탈감은 물론 상대에게 배신감을 느끼기도 할 것이다. 그러나 그런 변화가 모두 배우자의 잘못만은 아니다. 한동안 농땡이를 피웠던 편도체가 되살아나 심술을 부리기 때문이기도 하니까.

연애라는 비행이 원래 그렇다고 한다. 초기에는 짜릿하게 상승해 오금이 저릴 정도의 쾌감을 안겨준다. 위태로워서 더 즐겁다. 금방이라도 추락할 것처럼 마구 흔들리고 요동을 치는 가운데서도 들뜨고 소름 돋는 감동을 찾아낸다.

하지만 두 사람은 결혼이라는 현실을 위해 땅으로 내려와야만 한다. 결혼을 하고 가정을 이루는 것은 땅에서의 일이기 때문이다.

'결혼 후 3년'은 착륙 과정으로도 비유할 수 있다. 모든 연인이 결혼을 통해 하늘에서 땅으로 내려와 착륙을 한다. 다만 차이가 있다면 어떤 커플은 부드럽게 내려앉는 반면, 또 어떤 커플은 와장창 시끄러운 소음을 내며 불시착한다는 정도일 것이다.

A가 말했다.

"그래. 우리 모두 결혼 3년차의 마지막 날까지 잘 지내자. 오늘처럼 서로 좋은 얘기 많이 해주고. D야, 너는 여자 친구 생기면 우리 누나들한테 인사시키는 거 잊지 말고……."

여자는 친구들 전부 그렇게 될 거라고 믿는다. 편안한 성격인데다 현명하니까. 모두가 행복해야 이처럼 즐거운 만남을 오랫동안 이어갈 수 있을 테니까.

24
"결혼하면
우리 엄마한테 잘해야 해."

"점심? 메밀국수랑 새우튀김 먹었지. 우리 병원 뒤에 20년 넘은 유명한 집 있잖아, 거기서. 지금은 커피 마시고 있어. 음……. 오후엔 간단한 미팅 몇 개 있고……."

여자가 남자를 두 번째 만났을 때였다. 여자는 누구에겐가 걸려온 전화에 남자가 대답하는 내용을 듣고는 오해를 했다. '혹시 다른 여자가 있는데, 나랑은 어쩔 수 없이 만나준 것이 아닐까.'

첫째 형부가 소개해준 남자였다. 형부는 대학병원 안과 과장이고, 남자는 인턴 시절에 형부가 가장 아꼈지만 아깝게 피부과에 빼앗긴 전공의였다.

"아! 엄마예요. 인턴 때부터 점심 거른다고 걱정이 많으셨거든요."

남자가 여자의 의심스러운 눈초리를 의식했는지 통화를 끝내고는 해명을 해주었다. 형부는 남자가 눈치 빠르고 센스가 있어서 마음에 들었다고 했다.

그 후에도 남자와 만나 어울릴 때마다, 그의 어머니로부터 전화가 오곤 했다. 어머니는 세심하면서도 꼼꼼한 분 같았다. 그때까지만 해도 '잘 통하는 어머니와 아들이구나' 싶었다. 여자는 나중에 아들을 낳으면 그들 모자처럼 친하게 지내고 싶다는 상상도 해보았다.

"재미있네. 그러고 보니까 너, 우리 엄마랑 잘 맞을 것 같아. 우리 엄마는 재치 있는 여자를 좋아하거든."

어느 정도 친해진 후였다. 여자의 농담에 남자가 키득거리며 웃다가 그렇게 말했다. 지나치는 듯한 자연스러운 말투여서 그냥 넘어갈 듯도 했는데, 어쩐지 마음 한쪽에 걸리는 게 있었다. '이 사람은 왜 걸핏하면 '우리 엄마, 우리 엄마' 하는 것일까.'

여자는 이상한 느낌을 금방 덮어버렸다. 남자는 '그 어머니의 작품'이라고 해도 과언이 아니었다. 그의 말에 따르면, 어머니는 하루에 4시간 이상 잠을 자본 적이 없다고 했다. 새벽에 일어나 주요 신문을 먼저 읽은 뒤, 좋은 칼럼들을 스크랩해서 아들이 아침을 먹으면서 읽도록 했다. 또한 어릴 때부터 하루도 빼놓지 않고 '로드 매니저' 역할을 했다. 좋은 학원과 특강을 엄선해 보냈고, 도움이 되는 친구들을 사귈 수 있도록 여러 어머니 모임을 통해 길을 터주었다. 아들이 특목고를 나와 의대에 진학하고 피부과 전공의가 된 데에는 어머니의 헌신이 결정적이었다. 장본인인 아들이 그렇게 굳게 믿고 있었다.

그처럼 대단한 어머니를 두었으니, 입만 열면 '우리 엄마'가 나오지 않을 수 없을 거라고, 여자도 받아들였다. 하지만 여전히 마음에 걸리는 부분은 남아 있었다. 여자의 어머니도 딸 넷을 모두 음대에 진학시켰지만 그렇게까지 스스로를 불사르는 희생을 하지는 않았다. 여자는 남자의 어머니를 만나보고 싶어졌다.

"너, 나중에 결혼하면, 우리 엄마한테 잘해야 해."
사랑이 깊어진 다음이었다. 남자로서는 프러포즈를 해도 될지, 눈치를 보려고 던진 말일지도 모른다. 여자는 마음속에서 붉은 신호가 켜지며 경고음이 울리는 것을 느꼈다. '이 남자, 혹시 자기 아내가 아니라, 엄마의 순종적인 며느리를 원하는 거 아니야?'
그전까지는 두 사람의 사이를 '위대한 어머니와 갸륵한 아들' 정도로만 생각해왔다. 아니다. 좀 더 솔직해지자면, 그렇게 생각하려고 애를 썼다. 욕심 때문이었던 것 같기도 하다. 첫째 언니처럼 의사 사모님이 되고 싶어서 말이다. 그래서 경고 신호가 울릴 때마다 그놈의 욕심이 열심히 위안 삼을 이유들을 만들어낸 것이다.
그의 어머니는 언제나 그의 편일 게 분명하다. 하지만 그가 사랑하는 사람에 대해서도 그럴지는 알 수 없다. 아들을 끔찍할 정도로 사랑하는 어머니의 눈에, 아들이 사랑하는 여자가 어떻게 비칠지, 어느 누구도 섣불리 장담할 수 없다. 더구나 그렇게 힘들게 키운 아들인데, 어떤 여자가 아들의 여자가 된들 과연 만족할 수 있을까.
수시로 걸려오던 남자 어머니의 전화를 새롭게 해석하기 시작한 것이 그 즈음이었을 것이다.

그 어머니는 혹시 사랑이라는 핑계로 통제를 하고 있는 것이 아닌지, 혹시라도 아들이 자기의 손아귀 밖으로 벗어날까봐.

만일 그렇다면 어머니는 아들의 결혼을 어떻게 받아들일까?

일찍 결혼한 친구가 농담처럼 던졌던 말이 기억났다. "남자들은 말이야. 사랑한다고 결혼을 해요. 그런 다음에 사랑하는 여자를 자기 어머니한테 데려다줘. 그리고 자기는 빠져요. 바쁘다면서."

"엄마를 실망시킬 수는 없어. 엄마는 오래 전부터 아버지랑 사이가 안 좋거든. 그러니까 우리가 함께 있어드리지 않으면 슬퍼하실 거야."

남자가 결혼 이야기를 꺼낸 뒤 한참이 지나서였다. 여자는 기가 막혀서 할 말을 잊었다. 병원 가까운 곳에 아파트를 얻기로 했던 것은 언제고, 이제 와서 이런 식으로 말을 바꾸다니. '이 사람, 엄마가 원하는 인생을 살아가는 로봇이 아닐까?'

친구 중에 부모의 입김에 좌우되던 애가 있다. 부모의 좌우명이 '평생 관리'였다고 농담 반 진담 반으로 얘기한 적이 있다. 그 애는 대학교 3학년 때 결혼정보회사로부터 연락을 받았다. 아버지가 가입 신청을 했으니까 면접을 보라는 것이었다.

졸업과 함께 결혼했는데 결과가 좋지 않았다. 재작년엔가 모임에 나와 엉망으로 취해서는 "엄마 아빠의 말을 잘 듣고 살았지만, 한 번도 그들을 진심으로 좋아해본 적이 없다"고 털어놓아 친구들을 놀라게 했었다. 학교 다닐 때에는 '우리 아빠가~' '우리 엄마가~'를 접 두어처럼 달고 다니던 아이였다.

여자는 생각에 잠겼다. '이 남자도 비슷한 것 아닐까. 자기를 지독하게 관리해온 어머니를 무의식적으로는 피하고 싶기 때문에, 그런 엄마에게 대적할 수 있는 강한 여자로 나를 선택하려는 것 아닐까.'

"오로지 아들을 위해 살아온 엄마잖아. 불쌍하지도 않니? 너, 나를 사랑한다고 했잖아? 그러면 우리 엄마도 아껴줘야 하잖아? 응?"

남자가 지을 수 있는 한, 최대한 애절한 표정을 지으면서 여자에게 말한다. 여자는 해주고 싶은 말은 많지만 굳이 해줘야 할 필요를 느끼지 못한다. 그래서 입을 다문다. '자기 어머니는 위대하지만 동시에 위험한 어머니야. 나는 그런 시어머니와 잘 살아갈 자신이 없어.'

"여유를 갖고 다시 한 번 생각해볼 수 없을까? 일단 몇 년만 부모님 댁에 들어가서 모시고 사는 거야. 애기를 낳으면 돌봐주실 테니까, 너도 학생들 레슨 다니기 좋을 거 아냐? 우린 부모님과 잘 지낼 수 있을 거야. 그리고……."

여자는 그제야 모든 것이 애정결핍에서 비롯되었다고 생각한다. 아버지의 사랑을 받지 못한 어머니는 자신의 공허함을 채우기 위해 아들에게 자신의 모든 것을 쏟아 부었을 것이다. 다만 그것은 집착과 통제였을 뿐, 정작 아들에게 필요한 모성애는 아니었을 터이다.

남성은 여성을 진정으로 사랑하는 마음을, 어머니의 모성애로부터 배운다. 진정한 모성애는 '절제'로 마무리된다. 아이가 스스로 성취할 수 있도록 아이의 공간을 허용해주는 것이다. 절제는 아이를 책임 있는 사랑을 할 줄 아는 어른으로 성숙시킨다. 때문에 그런 모성애를 경험해보지 못한 남성은 여성과의 사랑을 키워가는 데 한계를 드러낼 가능성이 높다.

여자는 참다못해 입을 열었다. 남자에게 마지막으로 한마디는 해줘야 할 것 같았다. 노력했고, 사랑했고, 지금, 마음이 많이 아프니까. 그러나 마음이 아플수록 냉정해질 필요가 있었다.

"나는 나고, 자기는 자기야. 나는 교집합을 만드는 게 좋은 결혼이라고 생각해. 자기가 원하는 대로, 나는 너고 너 또한 나, 나의 어머니는 너의 어머니고……. 난 그런 거 싫어. 그게 이상적으로 보일 수도 있겠지. 그렇지만 모든 게 그런 식으로 엉켜버리면 나도, 자기도, 모두가 힘들어질 뿐이야. 각자의 삶이 따로 뚜렷하게 구분되어야 함께 행복할 수 있는 거라고!"

여자는 자리에서 일어나며 조금은 매몰차다 싶을 만큼 한마디 덧붙였다.

"나는 사랑하는 남자랑 결혼하고 싶은 것이지, 그 어머니의 꼭두각시 인형이 되고 싶지는 않아."

25
'기선 잡기'라는
속설의 진실

"어제 그 남편, 하는 거 봤지? 접시는 날라주면서도, 아내가 다른 일 부탁하면 은근히 못 들은 척하던 거. W는 그 지랄 맞은 성격에 그런 남자를 만났으니 얼마나 지지고 볶을까."

점심식사 후 커피전문점. 모여 앉은 선배들이 '집들이 에필로그'로 이야기보따리를 풀었다. 어제는 W 선배의 집들이가 있었다. 먹고 마시며 수다를 떨다가 자리를 옮겨 노래방에서 신나는 마무리. 아마조네스 팀의 청일점인 부장은 W 선배의 남편과 함께 포장마차까지 달렸다고 했다.

B 선배가 웃으면서 A 선배의 말에 맞장구를 쳐주었다.

"지금이 부부간에 기선잡기 다툼을 한참 벌일 때잖아. '나는 딱 여기까지만 해줄 거야. 더 이상은 기대도 하지 마'라는 제스처지 뭐. 걔네 부부는 둘 다 자기주장이 강하니까 웬만해선 양보하기가 쉽지 않을 걸. 아침에 W의 표정을 보니까, 우리 보내고 나서 새벽까지 엄청 싸운 것 같더라."

여자는 선배들의 말을 듣고만 있었다. 선배들은 언제 그런 것들까지 살폈을까. 역시 결혼한 선배들의 눈썰미는 달라도 많이 다른 것 같았다. 여자는 W 선배의 아기자기한 신혼살림과 예쁘게 정돈된 집안, 결혼식 영상 같은 것들에 빠져 구경만 하느라 다른 것들엔 주의를 기울이지 못했다.

게다가 W 선배의 남편은 미남인데다 친절하고 능력까지 뛰어난 사람인데, 선배들의 말투를 들어보면 어쩐지 그를 탐탁지 않게 여기는 것 같았다. 여자는 혹시 이런 것이 바로 기혼과 미혼의 관점 차이가 아닐까 싶었다.

가시고기는 자신의 영역에 다른 가시고기가 다가오면 지체 없이 습격을 한다. 상대의 덩치가 커도 좀처럼 겁을 먹지 않는 용기를 보여준다.

하지만 가시고기의 용기는 자기 근거지로부터의 거리에 반비례하는 특성을 띤다. 침입했던 가시고기는 쫓겨 달아나다가 자기 근거지에 가까워질수록 용기를 얻게 된다. 그래서 어느 순간, 뒤를 돌아 추격자(오히려 침입자로 바뀐)에게 반격을 가한다.

그 다음부터는 양쪽의 근거지를 오가며 쫓고 쫓기는 추격전이 벌어진다. 그러다가 어느 정도의 거리에서 멈춰 싸움을 멈추고는 서로를 바라만 보게 된다. 둘 사이의 경계가 정해지는 것이다.

신혼부부의 기선잡기 다툼에 대해 듣다 보니까 가시고기의 영역 다툼과 많이 비슷한 것 같았다. B 선배가 여자에게 친절하게 설명해 주었다.

"결혼을 하고 나면, 주변에서 '기선을 잡아야 한다'고 많이들 얘기하지? 그런 속설이 어떤 면에서는 맞는 얘기야. 생활비나 가사 분담, 양쪽 집에의 의무 같은 것들 때문에 줄다리기가 벌어지니까. 사랑에는 분명히 다툼이란 요소가 들어가 있어. 다만 상대의 기를 꺾어놓는 게 목적이 아니라, 공동의 규칙을 설정하기 위한 다툼이라고 봐야겠지."

자꾸 다투는 과정에서 두 사람에게 맞는 규칙이 정해지고, 생활이 차츰 그런 규칙을 중심으로 돌아가게 된다. 그런데 규칙이란, 한 번 정해지면 그것을 바꾸는 것이 쉽지 않기 때문에 초반일수록 두 사람이 기를 쓰고 다툼을 벌인다는 것이었다.

여자도 '기선을 잡아야 한다'는 얘기를 들어본 적이 있었다. 오빠가 결혼을 앞두었을 때, 오빠 친구들이 몰려와서 술을 먹이며 그렇게 부추겼다. 그래서였는지 오빠는 새언니랑 자주 싸웠고, 여자는 신혼부부의 갈등을 부추긴 오빠 친구들을 원망하기도 했었다.

듣고 있던 C 선배가 말했다.

"친구들 중에 성격 차이로 갈라서는 경우를 보면, 거의가 어릴 때부터 애지중지 자라난 애들이었어요. 양보나 타협이 안 되니까 결혼 생활의 규칙을 세팅하는 데 실패했던 것이겠죠."

A 선배는 규칙 정하기 싸움이 '평행봉 위를 걷는 것'과 비슷하다는 견해를 보였다.

규칙은 사랑을 지켜가며 생활을 실질적으로 움직이기 위한 일종의 운영체제라는 것이었다. 그런데 규칙을 정하는 과정이, 마치 평행봉의 좁은 면 위를 걷는 것처럼 아슬아슬하다는 얘기.

왼쪽 발을 잘못 내려놓으면 지나치게 이기적인 규칙, 즉 '우리 변화해보자. 그러나 나는 변화하고 싶지 않아'가 된다. 오른쪽 발을 잘못 사용할 경우, 도를 넘는 배려와 친절로 상대에게 조종 또는 통제를 당하며 끌려다닐 수 있다.

그래서 평행봉 위를 걸을 때에는 좌우로 치우치지 않게 균형에만 집중할 필요가 있다는 얘기였다. 균형 잡힌 생각과 균형 잡힌 관계. 서로의 관계를 몇 걸음 물러난 위치에서 냉정하게 바라보아야 균형이 잡혀 있는지 확인할 수 있다.

한쪽의 일방적인 양보나 희생을 토대로 만들어지는 규칙은 기초가 부실하므로 작은 충격에도 금방 흔들릴 가능성이 높다고 한다. 더구나 요즘처럼 주변 사람들이 결혼생활에 많은 영향을 미치는 세상에선 더욱 그렇다는 것이다. 배가 아픈 주변 사람들은 언제나 이렇게 말해 불화를 부추기곤 하니까. '왜 바보 같이 잡혀서 사는 거야?'

그래서 배가 고픈 사람보다 배가 아픈 사람을 주변에 두는 것이 훨씬 위험하다는 게 선배의 말이었다.

여자는 A 선배의 이야기를 들으면서 생각했다. 그때 오빠의 싸움을 부추겼던 친구들 역시 배가 아팠던 것일까?

그런데 오빠는 배 아픈 친구들의 기대와는 반대로 잘 살고 있다. 새언니가 역전에 성공해 확실하게 기선을 잡았기 때문일 것이다. 새언니는 오빠의 놀라운 변화에 대해 신기해하는 여자의 질문에 이렇게 대답한 적이 있다.

"아가씨한테만 알려주는 건데요. 남자한테는 '내가 할게'보다는 '내가 해줄게'를 기대하는 게 현실적이에요. 남자들은 웬만한 집안일은 자기 몫이라고 생각하지 않거든요."

억지로 뭔가를 시키면 거부감만 커진다고 했다. 그러고 보니, 어제 W 선배의 남편도 그런 이유 때문에 '더 이상은 기대도 하지 마'라는 식의 자세를 보였는지도 모른다.

새언니는 필요할 때마다 오빠에게 부탁을 한다고 했다. 남자는 자기가 주도해야 만족하는 특성이 있으므로 그런 심리를 활용한다는 것. 또한 '내가 해줄게'라는 스스로의 태도가 남자의 자존감을 끌어올려 부탁받은 일을 해치우는 만족감과 행복감을 느끼게 해준다는 얘기였다.

생각해보면, 한쪽이 어려운 일을 부탁하고, 다른 쪽이 그 부탁을 들어주는 것 역시, 새언니와 오빠가 행복을 위해 만들어낸 두 사람의 규칙이었던 것 같다.

C 선배가 자기 경험을 이야기했다.

"저도 남편이랑 다투면서 깨달은 건데요. 오랫동안 행복하게 살아가는 부부들의 결혼생활 비법이 멀리 있는 것이 아니라, 일상의 소소한 암묵적인 규칙에서 나온다는 걸 알게 되었어요. 일방적인 나의 희생을 기초로 한 규칙도 해롭지만, 내가 원하는 대로 상대를 쥐고 흔드는 것 역시 궁극적으로는 나한테 좋지 않게 돌아온다는 것을 배웠죠. 하여튼 기선잡기 싸움을 하면서 많은 걸 느꼈어요."

여자는 선배의 말에 적지 않게 놀랐다. 그런 건 생각해본 적이 없었다. 상대가 내 뜻대로 해주는 것이 최고의 사랑이라고 믿어왔다. 그런데……. 그런 게 아니었나?

선배의 한마디가 여자의 마음에 깊이 새겨졌다.

"그러니까 자기도, 자기가 쥐고 마음대로 흔들 수 있는 사람과는 결혼하지 마. 그런 사람은 당연히 행복할 수가 없거든. 조금만 생각해보면 당연한 것 아니겠어? 아무리 내 마음대로 할 수 있다 한들, 불행한 사람과 함께 살아가면서는 만족을 찾아낼 수 없을 테니까."

26

정말로
'너를 위한 것'이라면

"네가 뭘 안다고 그래?"

여자는 남자가 그런 말투를 쓸 때마다 응분의 대가를 치르도록 했다. 얼마 전에도 모임에 함께 갔다가 남자가 또 그러는 순간, 슬며시 일어나서 혼자 돌아와 버렸다. 일주일 동안 그의 전화를 받지 않았고 문자에도 응답하지 않았다.

이런 식의 냉전과 화해가 벌써 네 번째였다. 처음에는 자존심을 내세우며 완강하게 버티던 남자도, 관계 청산까지 각오한 여자의 벼랑 끝 전술에는 당해낼 재간이 없었는지 백기를 들고 말았다. 남자의 말버릇이 그런 과정을 거치면서 꽤 많이 개선되었다.

일상의 말에는 두 가지 의미가 있다. 하나는 사전적인 의미에서의 말로, 전하고자 하는 메시지 자체다. 예를 들면 '급한 일이 생겨서 30분 정도 늦을 것 같아'라는 말에는 '내가 약속에 늦을 것'이라는 메시지가 담겨 있다.

다른 하나는 숨겨진 말로, 그것을 통해 전하고자 하는 자신의 의도 또는 의지다. '미안한데 오늘도 조금 늦을 것 같아'라는 말에는 '항상 그렇듯 나를 기다려줘'라는 의도가 밑바탕에 깔려 있다.

이런 차이는 언뜻 들었을 때에는 분간하기 어렵다. 그러나 특정한 방향의 메시지와 행동이 자꾸 쌓이다 보면 관계에 변화를 가져온다. 말을 통한 의도 또는 의지가 관철되는 셈이다.

여자의 경험도 그랬다. 남자는 처음엔 다정했는데 이따금 독선적인 말투가 나타나곤 했다. 모든 것을 자신이 결정할 테니, 군소리 말고 따르라는 식이었다. 하지만 그런 독단은 '너를 위한 것'으로 교묘하게 치장되었고, 사랑을 지키고 싶었던 여자가 순순히 받아들이자 차츰 인격적 무시 혹은 모욕으로까지 변질되었다.

여자는 남자가 하나둘씩 쌓아올린 말과 행동이라는 무게 추들이 급기야 감당하기 어려운 지경에 이르렀을 때에야 상황이 심각하다는 것을 깨달았다. 그녀는 둘 사이의 불균형을 이대로 두어선 안 된다는 느낌을 강하게 받았다. 그래서 남자의 방식을 개선하기 위한 싸움에 돌입했다.

그 일을 계기로 여자는 사랑을 새롭게 인식했다. 사랑을 한다는 것은, 동등함을 위한 지난한 싸움에 다름 아니었다. 힘이 한쪽으로 기울면 견제를 해서라도 대등해지도록 조정을 해야 하는 것이다. 서로에 대한 존중심이 무너져 마침내 한쪽으로 기울어버리는 순간, 사랑은 실망과 미움으로 막을 내릴 테니까.

남자는 여자가 기습적으로 반항을 했을 때, 화가 나서 견딜 수가 없었다. 감히 나를 뭘로 보고……

갈대밭을 온통 쓰러뜨리며 달려오는 바람처럼 후회가 밀려왔다. 이런 여자인 줄 왜 몰랐을까? 과연 결혼할 수 있을까. 남자의 체면을 슬리퍼 벗어던지는 것처럼 간단하게 여기는 여자와.

요즘 세상엔 왜 어머니처럼 자애로우며 현명한 여성이 없는 것일까. 언제나 아버지를 떠받들어줌으로써 남자답게 처신할 수 있도록 해주면서도, 자신은 뒤로 숨어 존재감조차 느끼지 못하게 하는 내조의 화신, 아버지한테 '아둔하다'는 지적을 받아도 싫은 내색조차 하지 않는 인내의 상징, 우리 어머니.

남자는 그러나 여자와 다투는 과정에서, 전에는 생각지 못했던 것들을 마주하게 되었다. 그녀로부터 '함부로 여겨졌을 때의 느낌'을 듣고 나서였다. 별 것 아닌 듯 내뱉은 자신의 말에 그녀가 얼마나 마음이 아팠으며 깊은 모멸감을 느꼈는지.

어머니의 얼굴이 떠올랐다. 그렇다면 내조의 화신이자 인내의 상징인 우리 어머니는 과연 어땠을까. 아버지로부터 푸대접을 받으면서도 보람 있고 행복한 삶을 살아온 것일까. 아무리 시대가 지금과는 달랐다고 하지만…….

사춘기 때였을 것이다. 군림하는 아버지에게 처음으로 반감을 느꼈던 것은.

남자는 숨이 막힐 정도로 무거운 집안의 공기가 참을 수 없을 정도로 싫었다. 아버지에게 꼼짝도 못하는 어머니는 가엾기만 했다.

그랬던 자신이 언제부터 옛날의 아버지를 따라 하게 되었는지 알 수 없었다.

이러니까 가정교육이 중요하다는 것이었다. 사람을 함부로 보고 무시하는 사람 뒤에는 똑같은 아버지 혹은 어머니가 있다. 사람은 누구나 자기 부모를 보고 배우며, 부모가 살았던 대로 살아가는 것이다. 그러니 부모의 틀에서 완전히 자유로울 수 있는 사람은 그리 많지 않다.

아버지는 누군가 실수를 하면 거침없이 비판했다. "네가 하는 일이 그렇지." 당신이 잘못한 일은 어머니나 자식들에게 책임을 전가해 스스로를 방어했다. "네가 더 문제야. 그렇게 하니까 이 모양이 된 거야." 사람들을 얕잡아보며 콤플렉스를 집중적으로 공격했다. "키도 작고 살만 찐 주제에 무슨 욕심은 그리도 많은 거야?"

생각해보면, 아버지가 그렇게 신랄한 투로 공격을 하는 데는 그만한 이유가 있었다. 사람들을 통제하고 조정하려면, 먼저 주눅부터 들게 해놓아야 한다는 경험에 따른 것이었다.

어릴 적, 형이 반항했을 때, 아버지는 가차 없는 공격으로 형을 무력화시킨 다음 이렇게 말한 적이 있다.

"이놈아. 이게 다 너를 위해서다."

물론 아버지의 말처럼 자식을 위하는 측면이 있었을 수도 있다. 그러나 남자가 기억하는 한, 대부분은 아버지의 권위를 위한 것이었다. 물론, 가장으로서의 권위는 중요한 것이기는 하다.

여자는 남자의 이야기를 잠자코 들었다.

그의 아버지를 문제부모 유형으로 분류하자면, '신처럼 군림하며 자식을 조종하는 부모'에 해당한다는 것을 알 수 있었다. 못난 취급을 받은 자식은, 낮은 자존감에 고통 받으며 부모에게 끝없이 휘둘린다. 그러면서도 부모가 자신에게 군림하고 조종했던 대로, 사랑하는 사람과의 관계를 끌고 나가려 한다. 이른바 대물림 현상이다.

여자가 남자를 위로해주었다.

"자기 아버님이 나쁜 분이라서 그랬던 것은 아니라고 봐. 아마도 아버님 역시 할아버님 밑에서 그렇게 성장하셨을 것 같아. 완벽주의 기질을 지닌 사람들이 주로 그렇다고 하더라."

완벽주의자를 꿈꾸는 사람들의 비극은 '실패할지도 모른다는 두려움'의 노예가 되어 끌려 다닐 수밖에 없다는 점이다. 그런 두려움이 주변을 완벽하게 통제하고 싶은 갈망을 부채질한다. 달성하기 어려운 목표를 향해 스스로를 몰아세우며, 언제나 자기만이 옳다는 확신으로 주변 사람들에게 지시를 내리고 통제를 한다. 그것을 당연한 권리로 여긴다.

"아버님 관점에선 식구들이 답답했을 거야. 당신의 높은 기대를 채워주지 못했으니까. 그래서 가족의 모든 일에 당신이 개입해서 이래라 저래라 할 수밖에 없다고 믿고, 또 그렇게 행동하시는 거겠지."

그렇기 때문에 완벽주의자들이 입버릇처럼 하는 말이 '모든 게 너를 위해서'다. 그것은 또한 진심이기도 하다. 스스로가 쌓아올리지 못한 완벽이라는 바벨탑을, 사랑하는 이를 통해 구현하고 싶은 마음이기도 하니까.

여자가 남자에게 물었다.

"아버님이 질색하시는 게 뭐야? 자기가 뭔가를 하면 싫어하시는 게 있을 것 아니야?"

남자가 생각해볼 필요도 없다는 듯 대답했다.

"음……. 청바지. 아버지는 청바지 입는 걸 싫어하셔. 형수가 신혼 때 청바지를 입었다가 아버지한테 한 시간 넘게 혼이 났던 적도 있어. 우리 집에선 나만 청바지 입어. 혼이 나면서도 이렇게 버틸 뿐이지."

여자는 잠시 생각하다가 이렇게 제안했다.

"아버님하고 점심 한번 하게 해줘. 전부터 나를 보고 싶어 하셨다면서? 내가 아버님한테 멋진 청바지를 선물로 드릴게. 호호호."

남자가 눈을 휘둥그레 뜨며 기겁을 했다. 그가 뭐라 하기도 전에 여자가 먼저 말했다.

"혹시 그런 것이 아버님의 마음을 열 수 있는 키워드가 아닐까 하는 생각이 들어서 그래. 아버님 자신도 마음속으론 젊게 살아가고 싶은데, 체면 때문에 혹은 남들이 이상하게 볼까봐, 차라리 반감을 드러내는 게 아닐까? 청바지와 멋진 티셔츠를 준비해볼게. 내가 진심으로 드리는 선물이라는 것을 이해하실 거야."

여자는 애교를 총동원해 그의 아버지를 청바지라는 자유의 세계로 끌어들여 보기로 마음먹었다. 평생을 완벽주의자로 살아온 아버지는, '변화하는 세상'이 낯설어서 그토록 과민반응을 했는지도 모른다. 아등바등 살아온 세월이 허무하게 의미를 상실할까봐.

청바지 선물은 여자의 입장에선 첫 번째 시도일 뿐이다. 결혼 후에는 그의 아버지뿐만 아니라 다른 식구들과도 본격적인 줄다리기를 해야 할 것이었다.

청바지도 그렇지만, 더욱 중요한 취향의 문제도 있다. 입맛이나 식성 같은 것 말이다. 입맛이나 식성은 사람을 특징짓는 가장 중요한 취향이기도 하다. 좋아하며 즐겨 먹는 음식이 곧 그 사람이니까.

결혼을 하고 나면 그런 문제들을 둘러싼 힘겨루기가 본격적으로 전개될 것이다. 여자는 자신의 취향을 지켜내고, 다른 한편으로는 자기 의도를 관철해 동등함을 이루기 위해 어떻게든 노력하기로 결심했다. 스스로를 위해, 또한 사랑을 위해, 그리고 새로 만들어질 가족의 평화를 위해.

결혼은 한 결점 있는 인간이 내 인생 안으로 들어왔다는 뜻이다.
―미라 커셴바움

27

나에 대해 미리 생각하지 못했던 것들

여자는 결혼 후에는 외계인이 되는 모양이다. 같은 지구인이었던 게 언제였나 싶을 정도였다.

친구들 얘기는 온통 외계어였다. 시어머니며 시누이 시금치 같이 '시' 자 없이는 얘기가 통 이어지지 않았고, 행여 대화에 끼어들면 '결혼도 안 한 네가 뭘 알겠어' 하는 투로 은근히 무시하곤 했다.

결혼이 친구들 간의 대화와 이해의 거리를 지구와 달 정도로 벌려 놓았다면, 출산은 금성과 명왕성 정도의 거리에 해당하는 것 같았다. 거의가 해독이 안 되는 얘기들이었다. 여자는 먼저 결혼한, 혹은 출산까지 마친 친구들의 대화를 듣고만 있었다.

"어머나! 걔네 시댁은 며느리가 첫 손주를 낳아줬는데 간호사 출신 아줌마도 안 붙여주었단 말이야? 산후조리원, 아무데나 들어갔다가는 살만 뒤룩뒤룩 쪄서 나온다던데……. 내 친구는 시아버지한테서 '손주만 낳아주면 자동차 사주겠다'는 약속을 들었다더라."

"우리 시누이는 가족 모임 때마다 얼마나 자랑을 하는지, 듣는 내 속이 메슥거릴 정도야. 그렇게 돈 자랑에 남편 자랑을 하면서도 지금까지 밥값 한번 내는 걸 못 봤어. 기가 막혀서……."

여자의 오랜 친구들은 거의가 부잣집 출신에 전문직 남편을 일찌감치 만나 강남에 산다. 모임에 나가면 그런 친구들 사이에서 미혼인 몇몇은 언제나 '섬'처럼 고립되어 눈치를 살피게 된다. 하지만 자신도 언젠가 결혼을 할 것이기에 먼저 결혼한 친구들의 생생한 이야기를 들어두는 것도 나쁘지 않다고 생각했다.

"아! 참! 넌 어떻게 지내니? 그 유명한 소설가랑은 잘 지내? 만나면 뭐해?"

잠깐 대화가 끊어진 틈을 이용해, 한 친구가 소외되어 있던 여자에게 질문을 해주었다.

"응? 잘 지내지. 그냥 그 사람 작업실에서 같이 커피 마시고, 그 사람 글 쓰는 사이에 나는 책 읽고 음악을 듣거나 영화를 보고……. 결혼해서도 그렇게 살겠지 뭐."

여자의 대답에 친구들이 감탄을 연발했다.

"와! 듣기만 해도 멋지다. 얘 날씬한 것 좀 봐. 피부도 탱글탱글하고……. 그렇게 지내니까 스트레스 받을 일이 없어서 살도 안 찌는구나. 좋겠다."

오랜만에 모임에 나온 친구가 물었다.

"네 남자친구, 라디오방송에 고정 출연하지? 나, 가끔 운전하면서 듣거든? 목소리가 부드럽더라. 호호호. 그런데 어떻게 그렇게 멋진 소설가를 만난 거야?"

고2 때 이후로 지금까지 여덟 명의 남자를 사귀어봤다. 대개는 겉돌다가 상처를 주고받으며 끝나버렸다. 리드해주기를 원한 남자는 수동적이기만 했고, 가슴을 두근거리게 했던 훈남은 막상 사귀어보니까 곁눈질을 너무 많이 하는 '가자미 눈'이었다.

여자는 그 모든 것이 진짜로 사랑해주는 사람을 만나지 못했기 때문이라고 생각했다. 정말 사랑이 무엇인지 아는 사람을 만나면 '꿈같은 사랑'에 빠져들 수 있을 거라 믿었다. 하지만 그런 바람은 수영을 하지도 못하면서 '이제 곧 수영을 배우기만 하면 올림픽 국가대표로 뽑힐 거야'라고 생각하는 거나 다를 게 없었다.

"작가와의 대화 이벤트가 있었는데 그 뒤풀이 자리에서 연결됐어. 내가 '연락처를 달라'고 말했지."

친구들이 또 "와~" 하고 탄성을 냈다.

여자는 그때까지도 '작가 남자친구'에 대한 환상을 갖고 있었다. 창가에 놓인 클래식한 책상에 앉아 은은한 음악이 흐르는 가운데 커피 향을 맡으며 타자기를 두드리는 낭만적인 작가의 삶을 상상했다. 그런 사람과 결혼을 하면 평생 동안 우아하고 문화적인 삶을 즐길 수 있을 것이라고 생각했다.

남자의 작업실 환경이 그렇긴 했다. 끊임없이 울려대는 원고마감 독촉 전화와 온갖 책이며 수첩, 메모, 인쇄물 같은 자료들이 여기저기에 정신없이 흩어져 있는 것을 제외하면 말이다.

　남자는 소설을 쓰기 위해 바쁘게 움직이며 다양한 사람들을 만나 취재를 했다. 여자가 기대했던 만큼의 여유를 함께 즐길 수는 없었다. 책상 위의 달력에는 방송출연이며 강연, 지방취재 등의 스케줄이 깨알 같은 글씨로 메모되어 있었다.

　여자가 파악한 남자의 실제 생활은 마치 '물 위에 떠있는 백조'와도 같았다. 사정을 모르는 사람들이 보기에는 소설가란 직업이 백조처럼 고상하게 보일 것이다. 그러나 백조든 소설가든 먹고 살아야 한다. 그러기 위해서는 물밑으로 발을 쉴 틈 없이 놀려야만 하는 것이다.

　대화 주제가 바뀐 것을 못마땅한 표정으로 지켜보던 친구가 화제를 다시 가로채갔다.

　"우리 신랑, 요즘 독립을 생각하고 있나봐. 우리나라에서 제일 큰 건축설계 사무소라고는 하지만 실속은 별로 없고 친구들도 거의가 독립 사무소를 차렸잖아. 뭐, 시댁에서 기반이 잡힐 때까지 도와준다고 하니까 큰 어려움은 없을 것 같지만……."

　유명 소설가 남자친구를 부러워하던 시선들이 건축 디자이너 남편 자랑 쪽으로 일제히 방향을 돌렸다.

　예전에는 그럴 때마다 여자의 기운이 쭉 빠졌다. 불안감이 엄습해 왔기 때문이었다. 남자친구의 말에 따르면 모든 인기에는 '유효기간'이라는 것이 있기 때문에 언제까지 베스트셀러 작가로 남아 있을지 낙관하기 어렵다고 한다.

나중에 그와 결혼을 하고 첫 아이가 태어난 후에는, 그의 작업실에서 책을 보는 목적이 달라질지도 모른다. 혹시라도 책갈피 사이에서 만 원짜리라도 한 장 나오지 않을까 하는 기대로 서가의 책들을 하나하나 펼쳐보지는 않을까. 단편소설 「빈처」의 주인공처럼 힘겹게 살아가게 되지는 않을까.

언젠가 친구들 모임 후에 남자를 만났다가, 잘나가는 남편들 이야기를 줄줄이 늘어놓은 적이 있었다. 그게 남자의 자존심을 건드렸던 모양이었다. 하지만 남자는 그녀를 비난하는 대신, 이렇게 말했다.

"나랑 만나는 게 후회가 된다면, 잘 생각해봐야 해. 나에 대해서가 아니라 너 스스로에 대해서 말이야. 네가 진정으로 원하는 게 뭔지, 그걸 먼저 확실하게 정해두지 않으면 어떻게 네가 원하는 인생을 살아갈 수 있겠니? 어떤 남자와 결혼할 것인지는 그 다음 차원의 문제가 아닐까?"

지하철 역 에스컬레이터의 끄트머리로 오피스텔이 보였다. 남자의 작업실이 있는 곳.

여자는 편안한 마음으로 에스컬레이터에서 내려 오피스텔 방향으로 걸음을 옮겼다. 지하철을 타고 오면서 여러 생각을 했다.

여자는 지금의 사랑을 하기 전까지는 오로지 상대에게만 집중하는 사랑을 해왔다. 상대를 요모조모 관찰하고 혹시 감추는 것은 없는지 색안경을 껴보기도 하고, 마침내 괜찮은 사람이란 평가를 내리면 비로소 경계심을 풀고 사랑을 시작했다. 자신이 뭘 좋아하고 싫어하는지, 혹은 지켜내고 싶은지, 그런 것들에 대해 생각해본 적이 없었다.

취향이나 기호처럼 사소해 보이는 것들, 한마디로 '원하는 것들'이 그녀의 본질이며 또한 사랑하는 사람과의 관계에도 지대한 영향을 준다는 사실을, 이 남자와의 연애를 통해서야 깨닫게 되었다.

여자는 오피스텔 빌딩 1층의 빵집에 들러 남자와 함께 할 간식거리를 골랐다. 과거의 사랑에는 '나'라는 중심이 없었다. 다른 사람들이 어떤지 살피고 따라하는 경우가 많았다. 스스로 생각해보지 않은 채 상대에게 선택을 맡겨두곤 했다. 자신의 빈 구석을 상대방에게서 채우려 했던 셈이다.

그러나 이제는 안다. 좋은 사랑은, '내가 진정으로 원하는 게 무엇인지'를 아는 것으로부터 시작된다. 나를 돌아보고 나를 발견해야 나의 일상 속에서 나의 만족을 찾아낼 수 있는 것이다. 그게 '나와의 좋은 관계'를 맺는 출발점이다.

"예전에 좋은 직업 가진 남자들 많이 만났었다며? 왜 그런 남자를 선택하지 않았어? 나처럼 소설 써봐야 그런 사람들에 비하면 가난뱅이 신세일 텐데."

그가 여자에게 물어본 적이 있다. 그의 작업실에서 컴퓨터로 영화 「바람과 함께 사라지다」를 보고난 후였을 것이다. 많은 여자들이 주인공 스칼렛과 같은 선택을 한다. 사랑스러운 로맨티스트 애슐리보다는, 유능한 현실주의자 렛 버틀러의 손을 잡는 것이다. 로맨틱한 사랑도 좋지만, 결혼은 냉정한 현실이기 때문이다.

여자는 그때 이렇게 대답했다.

"변호사 부인보다는 작가 부인이 더 멋있잖아. 낭만적으로 보이고."

여자는 오늘, 남자에게 그때의 질문을 다시 한 번 해달라고 요구할 작정이었다. 남자가 질문을 해오면 이번에는 이렇게 말해줄 것이다.

"나한테 '진정으로 원하는 게 뭔지 생각해보라'고 했었지? 그게 뭔지 알았어. 진정으로 원하는 건, 진정으로 원하는 사람을 만났을 때에야 비로소 알게 된다는 것이 내 대답이야. 나는 자기가 더 좋은 원고를 쓸 수 있게 감시자 겸 비서 역할을 할 거야. 스티븐 킹 원작 영화 「미저리」 생각나지? 무섭지 않아?"

강인한 사랑은 현실에 맞춰 스스로 진화한다. 고등 생물처럼 질기게 생명을 이어가는 것이다. 여자는 자신의 선택과 그로 인해 얻는 즐거움에 집중하기로 마음을 다잡았다. 남들보다 여유롭지는 못해도 좋아하는 것들, 선택한 것들을 잘 어루만지며 살아갈 수 있다면 그것도 꽤 성공한 인생일 것이다.

여자는 엘리베이터에서 내려 그의 작업실로 종종걸음 했다. 그와 마주 앉아 커피를 마시고 싶었다.

28
왕의 수라가
'최고의 맛'은 아니었던 이유

그날은 크리스마스 이브였다. 한 해의 웬만한 잘못은 너그러이 용서를 받을 수 있을 것만 같은 거룩한 밤.

하지만 남자는 과거에 저지른 잘못에 대한 용서는커녕, 미래에 그의 식구들이 저지를 가능성이 있는 잘못에 대해서까지 강도 높은 조사를 미리 받아야만 했다.

"우리 사랑만 있으면 되잖아. 더 이상 뭐가 필요해? 나랑 결혼하는 거지, 우리 가족이랑 결혼하는 게 아니잖아."

남자는 그렇게 여자를 설득하려고 했다. 결혼하려면 다섯 달이나 남았는데, 왜 벌써부터 식구들한테 신경을 쓰고 과민 반응을 하는 것인지.

여자가 하나씩 따지기 시작했다.

"괜히 그러는 게 아니잖아. 저번 추석에 나 안 왔다고 어머니가 뭐라고 하셨다면서? 벌써부터 그러시는데 결혼하면 어떨지 불안하단 말이야. 우리 살 집도 괜히 가까이 얻었나봐. 혹시 어머니가 드나드시려고 근처에 살라고 하신 거 아니야?"

남자는 절대 아니라고 부인했다. 그러면서도 한편으로는 야속하다는 생각이 슬며시 고개를 드는 것은 어쩔 수 없었다. 명절? 어차피 일 년에 두 번인데, 그게 얼마나 힘들다고. 게다가 자식 집에 어머니가 드나드는 게 뭐가 어떻단 말인가. 자기 엄마가 찾아와도 그렇게 얘기할 건가.

여자가 남자의 마음을 알아챘는지, 묘한 주장을 펴기 시작했다. 대부분의 부모님이 새 식구가 들어오면 전에는 없었던 이벤트를 줄줄이 만들어내는 경향이 있다는 것이었다. 자식들 키우며 돌잔치 외에는 생일을 기념해준 역사가 없던 분들이, 며느리를 맞이한 뒤로는 막내의 생일까지 하나하나 챙기면서 굳이 화목한 가족으로 거듭나려 한다는 얘기였다.

남자가 보기엔, 여자가 며칠 전에 만났다는 선배 언니로부터 못된 교육을 톡톡히 받은 것 같았다. 남자는 예전부터 여자들의 모임이 마음에 들지 않았다. 괜히 충동질을 일삼고 싸움만 부추기는 선배 언니 같은 사람이 어떤 모임에든 반드시 한 명쯤 있는 것 같았다.

"어른들 입장에선 당연하잖아. 자식 부부라는 새로운 낙이 생겼으니까 함께 즐겁게 지내고 싶겠지. 우리도 나중에 나이가 들면 그러지 않겠어?"

여자가 곧바로 반박했다.

"나도 알아. 그렇지만 기대가 크면 실망도 커지기 마련이잖아? 상당 부분은 우리가 어떻게 하느냐에 달렸어. 어른들이 우리한테 지나친 기대를 품지 않도록 우리가 각별히 조심할 필요가 있다는 것이지. 특히 자기가 문제야. 남자들은 싱글일 때에는 가족한테 신경도 안 쓰다가, 결혼만 하고 나면 최고 효자라도 된 것처럼 생색을 낸다던데 자기도 그렇게 변하는 거 아니야?"

남자는 화를 낼 뻔했다. 자기 부모가 아니라고, 아무렇게나 말하는 게 듣기 싫었다. 뭐가 기대고 실망이란 말인가. 그래도 성탄절을 앞두고 싸움을 벌이고 싶진 않았다.

"어쨌든 나는 자기 어머니가 우리 집에 아무 때나 불쑥 찾아오시고 이것저것 간섭하고 주말마다 꼼짝 못하게 불러들이는 걸 그냥 받아들일 생각은 없어. 그러니까 어른들 요구를 어느 정도까지 수용할지에 대해 우리가 항상 협의를 해야 돼."

남자는 생각했다. '참을 생각이 없다고? 그럼 어쩌겠다고?' 그러나 입은 생각과 달리, 소심한 말을 우물대고 있었다.

"자식이 어떻게 사는지 궁금하겠지. 너무 그렇게 생각하지 마. 어머니 입장에선 조금이라도 더 도와주고 싶어서 간섭도 하시는 걸 테고……."

여자가 농구공을 빼앗아가듯 말을 가로챘다.

"그래. 맞아. 그렇지만 정도가 문제잖아. 내 아들 혹은 딸이라도 결혼해서 새로운 가정을 꾸리면 그 집 식구야. 어른들도 더 이상 '내 자식이니까 내 마음대로 할 수 있다'고 생각하면 안 되는 거라고."

여자는 남자가 여전히 수긍할 수 없다는 표정인 것을 확인하고는 몇 마디 덧붙였다.

"입장을 바꿔 생각해봐. 자기가 나중에 팀장이 되었는데, 전에 팀장이었던 상사가 여전히 팀원들을 직접 챙긴다면 어떻겠어? 자기가 하는 일마다 사사건건 간섭을 하고, 예전의 방식을 강요한다면, 자기는 그런 것도 고마워할 거야?"

가족이랑, 그것도 부모랑 직장 상사를 어떻게 비교할 수 있을까. 남자는 여자의 말에 반박하고 싶었지만 더 이상 긁어 부스럼을 만들고 싶지는 않았다.

논쟁은 그쯤에서 일단락되었다. 어쨌거나 성탄절 전야였다.

결혼을 한 뒤, 처음 맞이한 아버지 생신에서 남자는 상상도 못했던 경험을 하게 되었다.

아버지 생신이 월요일이어서 일요일 저녁에 친척들을 모두 초청해 성대한 식사를 했다. 값비싼 뷔페식당에서였다. 친척들 수가 워낙 많아 집으로는 들일 수 없는데다, 손님들 입장에서도 고급 뷔페를 선호할 것 같아 무리를 한 것이었다. 맞벌이 소득의 절반이 한 끼 식사로 날아갔다. 그래도 친척들 모두가 부러워했고 부모님 위신도 섰으니까, 부부는 그것에서 보람을 찾기로 했다.

그런데 월요일 아침에 회의를 하는 도중에 어머니가 휴대폰으로 전화를 걸어왔다.

"얘, 너는 도대체 생각이 있는 거니, 없는 거니? 자식 결혼시키고 처음 맞이하는 아버지 생신인데, 며느리가 아침에 와서 미역국도 안 끓여줬다면서 아버지가 얼마나 서운해 하시는지……."

남자는 어리둥절해서 여쭤보았다.

"어제 뷔페식당에서 했잖아요? 그렇게 하기로 했었잖아요?"

어머니가 언성을 높였다.

"그것 때문에 한숨도 못 잤다. 사람들이 얼마나 수군대는지……. 며느리가 직접 상을 차려드려야지, 이렇게 하는 법이 어디 있느냐고 말이야. 자식한테 뭘 가르쳤기에 이런 대접이나 받느냐고. 아버지가 창피해서 친척들한테 고개를 못 드셨어. 너는 사내 녀석이 되어가지고……. 네 댁을 계속 이렇게 천방지축 풀어둘 거냐?"

전화를 끊고 나서 남자는 혼란에 빠지고 말았다. 뭐가 진실인지 알 수 없었다. 부러워하던 사람들은 뭐고, 수군대던 사람들은 뭐란 말인지. 남자가 아는 바로는, 결혼 후에 부모님 생신을 그렇게 성대히 치른 건 친척들 중에서 자신이 처음이었다. 더구나 어젯밤에 커다란 케이크의 촛불을 끄고 커팅까지 했는데, 오늘 아침에 미역국이 또 필요하다는 부분도 납득이 가지 않았다.

돌연 분노가 치밀었다. 하마터면 아내에게 전화를 걸어 퍼부을 뻔 했다. '처음인데 손수 차려드리지, 이게 뭐냐'고. 하지만 되새겨보니까 뷔페 아이디어를 낸 것은 바로 자신이었다. 어머니도 반색을 했었다.

오전 내내 풀이 죽어 있다가, 점심 때 팀장과 점심을 먹으면서 물어보았다. 팀장이 사정을 듣고는 대뜸 말했다.

"오버를 했구나. 처음엔 잘해보려다가 그런 일도 겪는 것이지 뭐."

팀장은 부모님께 잘해드리는 것도 좋지만, 오버를 하면 반드시 탈이 난다고 했다. 사람들에게 뭔가를 보여주겠다는 마음에 분수를 넘는 일을 저지르고 나면, '그런 사람'으로 인식되어 앞으로 기대가 커질 일만 남았다는 게 팀장의 설명이었다. 반면 현실적으로는 분수를 넘는 대접을 계속 할 수 없으므로 이미 커져버린 기대에 부응하지 못하게 되므로 마침내는 역효과를 부르고 만다는 것이다.

"친척들이 뭐라고 하는 거? 배 아픈 사람 몇몇이 그런 소리를 했을 수도 있겠지. 어머니한테는 그런 말들만 크게 들렸을 수도 있고. 그러니까 오버를 하면 후환도 커지는 거야."

팀장 자신도 결혼 초에는 부모님 생신을 두 번, 세 번씩 해본 적이 있다고 했다. 지금은 어떻게 하고 있는지 물어보았다.

"뭘 어떻게 해? 무조건 당일 아침이지. 그래서 반 일짜리 휴가 쓰잖아. 새벽에 댁으로 가서 미역국으로 아침 식사를 함께 하는 거야. 생신 때문에 자식이 휴가까지 낸다는데 뭐라고 할 부모님이 어디 있어?"

퇴근 후, 아내와 함께 저녁을 먹고 들어가기로 했다.

남자는 약속 장소로 향하며 작년 성탄절 전야에 아내가 했던 말들을 생각해냈다. 그때에는 도저히 수용할 수 없었고 화만 났다.

결혼을 한 뒤에도, 아내가 부모님의 제안을 여러 가지 핑계로 거절할 때마다 죄책감을 느끼곤 했다. 어머니가 '주말에 젓갈을 사러

지방에 다녀오자'고 하면, 아내는 '월요일에 중요한 회의가 있어서 준비를 해야 한다'며 살짝 피하는 식이었다. 내색은 할 수 없었지만 마음 한구석이 찔렸다.

"근본적인 해결이란 것도 없고 단칼에 자를 수 있는 문제도 아니야. 내가 보기엔 제수씨가 잘 하고 있는 것 같은데. 그렇게 살짝 넘어가다 보면 암묵적인 경계선이 그어지거든. 오랜 세월이 필요해. 그러니까 성공적인 결혼생활의 핵심은 인내라니까."

팀장은 부모님, 특히 어머니가 다른 일에 관심과 보람을 가질 수 있도록 자연스럽게 유도하는 것이 최선책이라고 했다. 팀장은 어머니의 등산을 전폭적으로 후원해 좋은 결과를 얻었다고 스스로 평가했다.

사람은 누구나 자기 삶에서 의미 있는 일을 찾지 못할 때, 다른 누군가가 자신을 필요로 해주기를 바라며 남의 인생에 개입하는 경향이 있다고 한다. 자식을 갓 결혼시킨 부모의 경우 그런 정도가 특히 심하다는 것.

그런데 남자들에겐 그런 개입이 피부로 확 와 닿지 않지만, 세세한 가정사를 일일이 챙겨야 하는 여성들에겐 극도의 스트레스 요인으로 작용한다는 게 문제다. 결국 부부간 갈등으로 이어진다.

남자는 "아파트 현관문을 디지털 번호 시스템으로 바꾸라"는 어머니의 요구에도 불구하고, 아내가 왜 구식 열쇠를 고집하며 어머니에게 여벌 열쇠를 내드리지 않는지, 이제야 그 까닭을 짐작할 수 있었다.

결혼 초기부터 경계선을 제대로 그어야만, 장기적으로도 시댁과의 관계를 편안하게 이어갈 수 있다는 점을 헤아린 조치였다.

그러고 보면 아내가 어머니의 요구를 죄다 거절하는 것은 아니었다. 자기가 '할 수 있는 것'과 '할 수 없는 것'을, 나름의 거절 방식을 통해 처리해내는 중이었다. '하지 않을 것'에 대해서도 단호한 입장이었다.

팀장의 조언대로, 아내에게는 어머니와의 통화 내용을 '팩트'만 전해주었다. 아내는 전부 들은 다음, 엉뚱한 질문을 했다.

"퀴즈 하나 낼게. 드라마 같은 걸 보면, 옛날 왕의 수라가 엄청 맛있다고 나오지? 자기가 보기엔 어땠을 것 같아? 실제로 그랬을 것 같아?"

생각해볼 필요도 없었다.

"당연히 최고의 맛이었겠지. 전국의 온갖 귀한 진상품을 받아다 최고 솜씨의 요리사들이 만들어낸 음식들이니까."

아내는 고개를 끄덕이고는 말했다.

"우리, 어른들 평가에 너무 연연해하지 말자. 그분들한테 좋은 며느리나 사위가 우리한테도 반드시 좋은 건 아니잖아. 어른들한테 인정받으려고 애를 써봐야 우리만 지칠 수도 있어. 사람의 욕심에는 한이 없는 거잖아. 엄마 친구 아들이나 엄마 친구 딸보다 무서운 게 남의 집 사위와 남의 집 며느리라던데."

남자는 팀장에게서 들었던 이야기를 해주었다.

"관계의 절반은 스스로가 만드는 거라더라. 우리는 관계에 영향을 줄까봐 부탁을 받으면 거절하는 걸 어려워하는데, 거절 역시 나라는 존재를 상대에게 인식시키는 선택 가운데 하나래. 거절하는 행동으로 나에게 통하는 것과 통하지 않는 것이 각각 어떤 것인지 알려줌으로써 경계선을 그어준다는 것이지."

'기대치 위반효과'라는 것이 있다. 기대치에 어긋나는 행동을 할 경우, 평가가 확 달라지는 현상이라고 한다. 시부모는 평소에 잘하던 며느리가 한번 잘못을 저지르면 크게 섭섭해한다. 반면 잘못하던 며느리가 어쩌다 한번 잘 하면 매우 감동을 받는다. 지나친 기대가 형성되지 않도록 조심해야만, 기대로 인한 사람들의 실망이나 원망을 줄일 수 있다는 점을 보여주는 것이다.

작년 성탄절 전야에 아내가 전하고 싶었던 내용이 바로 그런 의미였다. 큰 기대도, 큰 실망도 하지 않도록 평소에 거리를 두는 기대의 수위 조절.

아내가 그의 접시에 파 무침을 덜어주면서 말했다.

"왕의 수라는 정답이 없어. 최고의 재료라는 면에선 맞지만, 최고의 맛이라고는 할 수 없대. 건강까지 생각했기 때문에 맛에만 주안점을 두지 않은 거라고, 현대의 전문가들은 그렇게 얘기하는데……. 나는 그것보다는, 요리사들이 왕의 기대를 관리했을 거라고 생각해. 자꾸 맛있는 것을 올리다 보면 기대치가 점점 올라가게 되어 있거든. 궁중 요리사들도 살아남아야 하니까, 그걸 언제나 염두에 뒀을 거야."

남자는 고개를 끄덕였다. 왕한테마저 그럴 수밖에 없었다는데 하물며 부모에게는 어떠할까…….
 무거웠던 마음이 한결 가벼워졌다. 왕의 요리사든, 기대가 많은 부모의 자식이든, 어쨌거나 살아남기 위해선 때로는 냉정해져야 할 필요도 있는 것이었다.

29

신데렐라와 결혼한 왕자는 행복했을까

왕자는 신데렐라와 결혼을 했지만, '신분 차이를 극복하기 어려울 것'이란 사람들의 뒷말이 듣기 싫었습니다. 그래서 결심했습니다.
"나만은 예외라는 것을 입증하고야 말테다."

왕자는 그럴 자신이 있었습니다. 물론 '나만은 예외'라는 믿음은, 거의 모든 신랑들이 쉽게 빠져드는 보편적이면서도 용감한 착각이기도 합니다. 사랑을 위협하는 가장 두려운 경쟁자와 적들이 의외로 가까이에 있다는 사실을, 우리는 결혼 후에도 좀처럼 깨닫지 못합니다. 눈앞에 존재하는 위협을 '그럴 리가 없다'면서 덮어두려고만 하지요.

왕자는 어머니와 누이들이 신데렐라에게 친엄마 혹은 자매처럼 살갑게 대해줄 것이라고 생각했습니다. 자신에게는 한없이 다정한 이들이니까 당연히 그럴 거라고 믿었던 것이죠.

하지만 그들의 입장에선 신데렐라가 '눈에 거슬리는 이물질'에 다름 아니었습니다. 그 촌뜨기만 아니었다면 왕가의 명예가 바닥까지 실추되지는 않았을 겁니다. 하급 귀족 부인들마저 궁중 예절에 캄캄한 신데렐라를 보며 비웃음을 흘릴 지경이었으니까요.

어머니와 누이들은 알아듣기 어려운 궁중 용어를 써가며 신데렐라를 교묘하게 소외시켰습니다. 신데렐라는 그들에게 조각상이나 그림만도 못한 존재였습니다.

왕자는 그녀를 계모와 언니들의 늪에서 건져준 것으로, 신데렐라의 불행이 막을 내렸다고 믿어왔습니다. 더구나 왕위를 계승할 자신과 결혼까지 했으니 행복의 문이 활짝 열린 셈이었지요. 그러나 정작 자신으로 인해 신데렐라에게 새로운 불행이 시작되었다는 것까지는 상상조차 하지 못했습니다.

많은 남자들이 왕자와 비슷합니다. 사랑하는 여인이 오로지 자기 하나만을 믿고 결혼해, 시댁식구들 속에서 '이방인' 취급을 당하며 외로워한다는 것을 느끼지 못합니다. 자기가 식구들에게 익숙하니까 상대도 그럴 것이라고 착각하는 셈이죠.

"저 하나만 참으면 모든 게 잘 될 거라고 생각했어요. 하지만 그게……."

신데렐라는 왕자가 자신을 사랑하고 있는지조차 확신하기 어려울 정도로 마음이 혼란스럽다고 털어놓았습니다. 왕자는 신데렐라의 하소연을 듣다가 진퇴양난에 빠졌습니다.

왕자가 보기에는, 어머니가 착한 며느리에게 그랬을 리가 없었습니다. 또한 착한 아내가 어머니와 누이들에게 무슨 대단한 잘못을 저질렀을 턱도 없었습니다.

대부분의 남자들은 어머니와 아내 사이에 갈등이 생기면 아내의 입부터 막으려고 합니다. 아내가 자기 마음을 이해해줄 것이라고 생각하기 때문입니다. 하지만 정작 아내는 남편의 그런 행동에 혼자 남겨진 듯한 외로움 속으로 내몰리고 마음속에 골병이 듭니다.

물론, 최악의 남자는 어머니 앞에서 아내 편을 들고, 아내 앞에서는 어머니 편을 드는 쪽이겠죠.

왕자는 어머니와 아내의 틈바구니에 끼어 양쪽에 신경을 써가며 비위를 맞추는, 해답은커녕 기약도 없는 감정 노동에 시달렸습니다. 그야말로 죽을 맛이었습니다.

그러나 차츰 신데렐라의 이야기에 귀를 기울이면서 그녀의 입장을 조금씩 이해하게 되었습니다. 그 넓은 왕궁의 수많은 사람들 중에서 그녀의 외로움을 나눠줄 수 있는 이는 왕자 하나뿐이었습니다. 왕자만이 그녀의 유일한 희망이었던 겁니다.

어머니 입장도 이해할 수 없는 것은 아닙니다. 왕가의 안주인답게 체면이 중요했을 겁니다. 그런데 기대에 한참 못 미치는 며느리가 들어왔으니 어머니로선 귀족 부인들을 대하기가 난처해졌을 것입니다.

그러나 다시 신데렐라의 입장으로 돌아가면 한숨이 절로 나올 뿐이었습니다. 약점을 잡으려는 여인들 틈에서 매일 고군분투하며 왕자와 다시 만날 저녁 시간만을 기다리는 그녀는 얼마나 힘겨울까요. 어릴 때부터 계모와 언니들에게 무쇠처럼 단련되어온 신데렐라가 아니었다면 진즉에 신경쇠약으로 앓다가 세상을 등졌을지도 모를 일입니다.

  남자들은 고부 갈등에 대해, 흔히 '자신을 둘러싼 두 여자의 질투'로 이해합니다. 물론 그런 측면도 존재하기는 합니다. 20년 넘게 키워온 아들을 빼앗겼다는 느낌이 들 테니 그 어머니의 상실감이 오죽하겠어요?
  고부 갈등은 세계 어느 나라에나 보편적으로 나타나는 '자연스러운 현상'입니다. 예를 들자면, 왕자님의 이웃나라 스페인에선 축제가 열릴 때마다 마사수에그라스masasuegras라는 '시어머니 죽이기 놀이'가 인기입니다.
  러시아에서는 '못된 시어미는 등에도 귀가 달렸다'는 속담이 있고, 그보다 먼 몽골에서는 '멀리 떨어져 있을수록 좋은 것이 시부모'라는 말을 합니다.
  동아시아의 조선에는 '며느리밑씻개'라는 이름의 풀도 있다고 하죠. 시어머니가 며느리에게 용변을 본 뒤 쓰라고 주었다는데요. 줄기와 잎자루에 날카로운 가시가 촘촘하게 박혀 있는 풀입니다.
  미국이란 나라에선 성탄절 연휴 기간에 며느리를 괴롭혀 분위기를 망친 '시어머니Mother-in-law'를 '괴물Monster-in-law'이라고 바꿔 부를 정도라고 합니다. 일본의 경우는 본래 여성들의 심장질환이 적은 편인데, 유독 시어머니와 함께 생활한 여성들의 경우 심장마비 가능성이 3배나 높아진다는 분석이 나왔답니다.

시한부 인생을 선고받은 아내를 간호하는 아들을 보면서, 죽어가는 며느리보다 수척해진 아들의 얼굴을 더 많이 걱정하는 게 시어머니의 마음이라고 합니다.

물론 이런 속설들은 예전부터 전해져 내려오는 다소 과장된 내용들일 수도 있습니다. 우리가 만나게 될 시어머니들 중에는 자신이 겪었던 고통을 며느리에게는 절대로 물려주지 않으려고 노심초사하는 분들이 분명 존재할 겁니다.

하지만 결혼생활을 시작하려는 새내기 며느리의 입장에선, 자신의 시어머니가 어떤 성향인지를 파악할 때까지는 다소의 경계심을 갖고 조심하는 쪽이 현실적으로 옳은 선택이겠죠.

어쨌거나 다시 왕자 이야기.

왕자는 오랫동안 고심한 끝에 마음을 정리했습니다. 먼저, 스스로에게도 원인이 있다는 것을 인정했습니다.

첫 번째 원인은, 신데렐라의 남편으로서 아내의 입지를 충분히 만들어주지 못했던 것입니다. 가족 안에 그녀의 자리를 만들어주는 것이 남편의 역할인데, 그 부분에 소홀했다는 반성이었죠.

그 점을 깨달은 왕자는 아내가 모두로부터 대접받을 수 있게, 스스로가 먼저 그녀를 받들어주겠다고 결심했습니다. 왕자는 사람들, 특히 가족 앞에서는 아내에게 말을 조심했습니다. 농담을 배제하고 진심을 담은 칭찬을 아끼지 않으면서 기를 세워주었습니다. 또한 자신의 일들 가운데 일부를 신데렐라에게 넘겨주고, 사람들로 하여금 그녀의 결정에 따르도록 했습니다.

왕자가 찾아낸 또 하나의 원인은, 자신이 여전히 부모에게 의존하고 있다는 점이었습니다. 왕자 스스로가 어른이 되지 못했으니까, 어머니와 누이들이 아내인 신데렐라를 쉽게 여겨 함부로 간섭하고 무시할 수 있었다는 결론이었죠.

왕자는 비로소 부모로부터의 독립을 결심했습니다. 어머니가 신데렐라에게 힘든 요구를 해올 경우, 슬며시 개입해 차분하게 대응하면서 시간을 벌도록 했습니다. 부당한 압박에는 궁중의 여론 같은 핑계를 대며 은근슬쩍 비켜나갔습니다.

어머니에게 그렇게 대항할 수밖에 없는 것에 대해, 그는 죄책감을 느끼며 괴로워하기도 했습니다. 하지만 냉정하게 판단해야만 했습니다. 사랑이란 말이죠, 독하지 못하면 지켜낼 수 없는 것이기도 합니다.

그는 어머니가 언젠가는 이해해주실 것이라고 믿기로 했습니다. 어머니가 왜, 아들이 사랑을 잃고 슬퍼하는 것을 바라시겠어요? 왕자는 어머니가 그럴 분이 아니라고 생각했습니다.

왕자에게 있어, 사랑은 유리와도 같은 것이었습니다. 유리는 변화무쌍합니다. 액체인가 하면 고체가 되죠. 투명해 보이다가도 불투명한 색들로 형형색색 빛을 냅니다. 다만 유리는 굳어지고 나면 쉽게 깨집니다. 조심하지 않으면 아주 작은 충격에도 금이 가고 깨지고 말아요. 유리는 한번 금이 가면 여간해서는 원상회복이 쉽지 않습니다. 사랑 역시 그렇습니다.

왕자는 비로소 결혼이 사랑과 어떻게 다른지를 알게 되었습니다. 사랑 외에도 세상살이의 온갖 지혜가 필요한 것이 바로 결혼이었습니다. 맞아요. 결혼은 알고 보니까 정치와도 많이 닮아 있었습니다. 정치의 기본은 '나의 편을 만들고 지지기반을 넓혀가는 것'입니다. 세력을 형성하며 헤게모니 싸움을 벌여 승기를 잡는 것이죠.

신데렐라의 이야기는 결혼의 그런 측면을 여실히 보여주는 좋은 사례입니다. 그녀는 가장 가까이 있는 왕자부터 자기편으로 끌어들였습니다. 사랑하는 사람이니까 최우선이었겠죠.

자신감에 더해 권한까지 얻은 그녀는 놀라운 속도로 변신하기 시작했습니다. 오죽하면 '신데렐라'라는 이름이 지금까지도 극적인 변신의 대명사로 통하겠어요.

그녀는 조금씩 지지기반을 늘려 나갔습니다. 신분이 낮은 시종들부터 그녀의 열렬한 지지자가 되었습니다. 신데렐라 특유의 솔선수범과 친화력에 감화되지 않은 이가 없었습니다.

다음은 하급 귀족 부인들 차례였습니다. 궁 안에서 멸시를 당해온 그들에게 신데렐라는 그야말로 우상처럼 떠올랐습니다. 그런 세력이 만들어지자, 고위층 귀족 부인들까지 신데렐라의 눈에 들기 위해 살금살금 다가오기 시작했습니다.

그러니까 신데렐라는 애초에 운이 좋아 마법사를 잘 만났을 뿐인

'신데렐라'가 아니었던 셈입니다. 노력하며 오랜 세월을 기다렸다가 결정적인 순간을 잡아챈 '승부의 여전사'였던 것입니다.

그 후에 신데렐라와 시어머니, 시누이의 관계는 어떻게 풀렸을까요? 동화처럼 행복하게 오순도순 지내는 해피엔딩이 되었을까요?

그럴 리가 있겠어요. 그런 건 동화의 세계에서도 매우 어려운 기대입니다. 신데렐라와 시어머니, 시누이는 서로 조심하며 이따금 자연스럽게 어울리는 정도의 관계로 평생을 지냈습니다.

원래 신데렐라를 쓴 동화 작가는 신데렐라가 결혼한 뒤의 이야기도 상세하게 담으려고 했답니다. 하지만 궁 안에서 벌어지는 일을 함부로 밖에 알려서는 안 된다는 규칙에 따라 어쩔 수 없이 궁중에서의 결혼생활 부분은 대부분 압축할 수밖에 없었어요. '두 사람은 결혼을 하고 오랫동안 행복하게 살았습니다'라고요. 거의 모든 동화의 결말이 그렇듯 말입니다.

그러나 알 만한 사람들은 누구나 알고 있지요.

'행복하게'라는 단어 속에는 원래 '끊임없이 지지고 볶으면서'라는 뜻도 담겨 있다는 진실을 말이에요. 어느 누구도 그런 진실로부터 예외일 수는 없어요.

30

비리프라카의 규율

여자의 언성이 높아졌다.

"내가 그만 하라고 했지! 자기 친구들 앞에서 나에 대해서 그런 식으로 말하는 거 기분 나쁘단 말이야."

남자는 미간을 찌푸렸다. 여자의 공격이 이어졌다.

"그것도 하필이면 왜 그런 재수 없는 애 앞에서 망신을 주느냐 말이야. 걔가 나를 비웃는 거 봤지? 내 심정이 얼마나 비참할지 생각이나 해봤어?"

남자는 여자의 말을 잠자코 듣기만 했다. 오래 전부터 알던 사람이 지금 남자의 모습을 본다면 크게 놀랄 것이다. 남자는 말다툼이 벌어지면 절대 지지 않는 성격이었다. 잘잘못을 가려내야만 직성이 풀렸다. 특히 앞뒤가 안 맞는 주장을 펴는 것을 참지 못했다.

그랬던 남자가 변하기 시작한 것은 여자를 만나면서부터였다. 처음 여자와 다퉜을 때에는 기가 막혀서 양쪽 귀로 하얀 김을 내뿜을 뻔했다. 그러나 함께 하는 시간이 쌓이면서 여자들 특유의 감성을 조금씩 이해하게 되었다.

여자의 하소연은 끝날 것 같지가 않았다.

"뭐라고? '아직 어른이 덜 되어서 그렇다고?' 내가 나이가 몇인데 남들 앞에서 그런 말을 들어야 해? 자기가 나를 그런 식으로 대하니까 그런 애마저 나를 우습게 보잖아."

남자는 여전히 입을 다물고 여자의 이야기를 들어주었다.

만난 지 3년이 다 되어가는 지금, 다투는 것은 더 이상 부담스럽지 않다. 연인끼리 가끔씩 다투는 것은 당연한 일이다. 갈등 역시 사랑의 일부니까. 두 사람의 경우 남들보다 자주 다툰다는 게 문제이기는 하지만.

남자는 그래도 싸우는 커플이 안 싸우는 커플보다는 낫다고 생각한다. 드라마나 영화는 우리에게 사랑을 의식화시키면서 '다투는 연인은 불행하며 실패한 관계'라고 허구한 날 경고하지만 그것은 진실이 아니다. 문제를 풀어내려는 노력이 다툼의 형태로 보여지는 것뿐이다.

모두가 부러워하는 잉꼬 커플이었다가 하루아침에 결별한 몇몇 연인들을 보면서 느낀 게 있다. 그들은 부딪히는 게 싫어 싸움을 회피하고 속마음을 감추다가 급기야 지쳐버렸고, 사랑까지 상실했다는 점이다. 싸움을 피하기 위해 자기 마음을 접어두다 보면 마음속에 응어리를 키우게 된다. 그런 응어리가 결국에는 애정을 싸늘하게 식게 만든다.

차라리 매일 다투는 커플이, 겉으로만 친하게 지내는 '냉전 커플' 보다는 건강한 사랑을 하고 있는 셈이다.

여자가 곧 마무리를 할 모양이었다.

"뭐라고 말 좀 해봐. 무슨 생각으로 그랬어?"

남자는 한참 동안 이어진 여자의 푸념이 그나마 '급소'를 건드리지는 않았다는 사실에 안도감을 느꼈다.

남자의 급소는 '위신'이다. 남자는 자신의 위신을 훼손시켜 치욕을 안겨준 사람에게 강렬한 복수심을 품는다. 더구나 그 장본인이 사랑하는 여자일 경우, 아픈 상처에 소금을 뿌린 것 같은 고통에 펄펄 뛰게 된다. 남성은 사랑하는 여성의 인정으로부터 의욕과 환희를 찾는 족속이기 때문이다.

반면 여성은 배신당한 사랑에 대해 날카로운 분노를 품는다.

지금 여자가 확인하고 싶은 것은 남자의 의도였다. 만일 남자가 남들 앞에서 망신을 주려는 의도로 그런 말을 했다면 그냥 넘어갈 수 없는 문제였다.

남자가 쓸데없이 변명을 할 경우 가차 없이 반격에 나설 태세가 되어 있었다. 그럴 경우, 남자는 "온갖 해묵은 얘기들을 왜 또 끄집어내고 그래?" 하고 넌더리를 낼 것이다. 여자는 남자의 그런 반응을 전에는 이해할 수 없었다. 아무리 시간이 흘렀다지만 남의 마음을 아프게 했던 잘못들을 어떻게 까맣게 잊어버릴 수가 있는 것인지. 아니면 잊은 척하고 있는 것인지.

하지만 이제는 그러려니 하고 받아들인다. 자꾸 다투다 보면 서로가 어떻게 다른지 알 수 있고, 그러다 보면 다른 점을 인정하게 된다. 싸우고 생각하는 과정에서 '어쩔 수 없는 것'으로 자연스럽게 분류되는 것이다.

오늘은 의외로 남자가 순순하게 사과를 했다.

"내가 잘못했어. 너를 우습게 만들려는 의도는 아니었는데 결과적으로는 내 생각이 모자랐던 것 같아. 미안하다."

여자는 속으로 미소를 머금었다. 그녀는 다툼에 있어 스스로를 남자보다 한 수 위라고 생각한다. 어릴 때부터 언니와 티격태격하며 싸움의 노하우를 익혀왔다.

싸움을 잘 하려면, 상대의 감정에 휘둘리지 않도록 침착함을 유지하는 게 첫 번째다. 그래야 여유를 갖고 충분히 생각하면서 당당하게 주장을 펼 수 있는 것이다.

상대를 격노하게 만드는 자극적인 말투는 결과적으로 마이너스다. 자칫하면 다툼이 다른 차원으로 비화될 소지가 있다. 그럴 경우 다툼을 통해 달성하고자 했던 목표가 허공으로 사라지게 된다.

불리할 때에는 화제를 바꾸거나 순발력 있게 대응하는 것은 물론, 상대가 인격적인 모독을 할 때에는 명확하게 지적을 하고 그 부분에 대한 사과부터 받아내는 것이 그녀의 경험칙이었다.

남자가 머뭇거리다가 결심한 듯 말했다.

"내 친한 친구가 새로 사귀는 여자라서 편을 들어준 게 아니야. 그 여자가 너를 얕잡아 보는 것처럼 말할 때에는 나도 기분이 더러웠다고! 그렇지만 더 중요한 건 너 자체라고 생각했어."

여자는 남자의 얘기를 완전히 수긍할 수는 없었다. 하지만 그의 입장을 조금은 이해할 것도 같았다. 친구들 모임에 동반한 여자 친구 둘이 은근한 신경전을 벌였으므로 남자들 입장에서도 난처했을 것이다.

여자는 그래도 불만이었다. 저쪽 남자는 가만있는데 왜 자기가 나서서 망신을 준단 말인가. 그걸 물어보고 싶었지만 일단은 참고 남자의 변명을 더 들어보기로 했다.

다툼이 아닌 일방적인 비난은 상대를 침묵하게 한다. 특히 남성은 과하다 싶은 비난을 받고 나면, 대화 자체를 거부하고 입을 닫음으로써 사랑하는 여성을 침묵으로 응징하게 된다. 무조건 이기려고 승부에 목숨을 거는 태도 역시, 상대에게 모멸감을 안겨주고 강한 반발심을 불러일으킬 뿐이다.

매번 져주거나 양보하는 것도 좋은 태도는 아니다. 그러면서 자신의 희생을 상대가 알아줄 것이라고 기대를 걸지만, 그런 날은 영원히 오지 않을 가능성이 높다. 좌절감만 깊어질 뿐이다.

남자는 친구들 사이에서 그녀의 평판을 걱정했다고 털어놓았다.

"친구가 그 여자를 계속 사귈지 말지는 아직 알 수 없잖아. 곧 끝난다면 그 여자는 우리 친구들 모임에서 잠깐 스쳐 지나간 것뿐일 테고……. 반면에 너는 나와 결혼을 앞둔 사이니까 그 여자와는 입장이 많이 다르다고 생각했어. 어쨌든 미안하다."

여자는 재차 사과를 받고서야 기분이 풀렸다.

어쨌거나 두 사람이 3년 내내 다투면서 만들어낸 '싸움의 규칙'이 이번에도 평화로운 결말을 만들어낸 것 같았다. 두 사람은 서로의 화를 풀기 위해서는 일단 옳고 그름에 대한 판단부터 유보해야 한다는 첫 번째 규칙을 만들어냈다. 상대의 말에 끼어들거나 비난하지 않고 인내심으로 들어주는 것이 두 번째 규칙이었다. 마지막 세 번째 규칙은 공감할 부분이 있으면 감정을 숨기지 않고 공감을 드러내자는 것이었다.

사랑하는 사람끼리의 싸움에는 서로에게 공감을 받고 싶은 마음이 밑바탕에 깔려 있다. 공감이야말로 어떤 분노의 불길도 능히 잠재울 수 있는 마법인 것이다.

고대 로마인들이 추앙했던 신 가운데 '비리프라카'라는 여신이 있었는데, 특이하게 '부부싸움' 담당이었다.

여신의 신전을 찾는 부부들에게는 지켜야 할 규칙이 있었다. 남편이든 아내든 한 사람씩 차례로 자신의 억울함을 신에게 고해야 한다는 것이었다. 어떤 경우에도 동시에 떠들어대는 것은 용납되지 않았다. 아내가 신세를 한탄하는 동안에는 남편이 꼼짝없이 들을 수밖에 없었고, 남편이 자기 입장을 변명할 때에는 아내가 곁에서 입을 다문 채 귀 기울여야 했다.

신전을 찾는 부부 가운데 상당수가 배우자의 이야기를 들으며 그 주장에 일리가 있다는 것을 깨닫게 되었다. 때로는 배우자의 처지를 이해하는 것에서 나아가, 짐작도 못했던 깊은 속내까지 파악하기도 했다.

화가 풀린 여자가 남자에게 제안을 했다.

"결혼하려면 아직 몇 달 남았지만, '비리프라카의 규율' 같은 걸 만들어 놓으면 어떨까? 결혼을 한 뒤에는 이래저래 다툴 일이 더 늘어난다는데 말이야. '부부싸움을 해도 각방은 쓰지 않는다' 같은 구체적인 규율이 필요하지 않을까?"

두 사람은 인터넷 검색을 통해 금기어들을 찾아냈다. '됐어. 말을 말자', '자기네 집은 원래 그래?', '당신 탓이야.' 같은 말들이었다. 부부를 화나게 하는 말투에 대한 설문조사 결과, 상위권에 랭크되어 있는 것들이었다.

사람들은 결혼식에서 주례선생님이 "기쁠 때나 슬플 때나 함께 하겠습니까?" 하고 물을 때면 "네" 하고 힘주어 대답한다. "아뇨. 기쁠 때에만 함께 하겠어요."라고 대답하는 이는 없다. "네"라고 서약을 했다면, 분노에 치를 떨며 다툰 이후에도 함께 해야 하는 것이다.

여자는 결혼을 염두에 둔 연인이라면, 관계에 대해 좀 더 현실적인 마인드를 가져야 한다고 생각한다. 사랑에 관심을 기울이는 만큼, 싸움의 기술을 익히는 데에도 신경을 쓸 필요가 있다는 것. 사랑하는 사람끼리의 다툼은 매우 현실적인 소통 수단인데, 결혼 후에 다툼이 더욱 더 빈번해질 수밖에 없다면 차라리 '좋은 싸움'을 미리부터 궁리하는 게 현명한 선택일 것이다.

좋은 싸움은 정직하며, 상대의 마음에 끔찍한 상처를 남겨놓는 법이 없다. 깔끔하게, 건강하고 건설적으로 소통을 매듭짓는다. 결론적으로, 좋은 싸움 덕분에 사랑이 더욱 튼튼해진다. 싸움 역시 공감을 위한 소통의 일환이니까.

남성은 어떻게 끝을 맺어야 할지 모른다.
여성은 언제 끝을 맺어야 할지 모른다.
―헬렌 롤랜드

31

그까짓
돈 몇 푼 가지고

"아이들한테 세뱃돈을 얼마씩 주는지 잘 살펴봐라. 내가 누누이 말했지만, 잘 되는 집이 오히려 수수하게 보이는 법이야."

얼마 전 설날이었다. 여자가 남자의 집에 세배를 간다고 했을 때, 엄마가 한복 매무새를 고쳐주며 당부했다. 엄마의 단골 메뉴 '되는 집, 안 되는 집 타령'은 여자가 현관을 나설 때까지 그치지 않고 이어졌다.

"안 되는 집 사람들은 과시를 하려고 씀씀이가 크지만, 되는 집 사람들은 아이한테도 돈에 관해서는 너그럽지 않은 거야. 시댁 될 집이 어떤지 기회가 있을 때마다 꼼꼼하게 알아봐. 괜히 나중에 네 언니처럼 후회하지 말고."

여자는 엄마한테 "충분히 알고 있으니까 재방송 좀 그만 하라"면서 현관문을 닫았다. 엄마의 잔소리가 지겨울 때도 있지만 그녀는 엄마 심정을 많이 이해하는 쪽이다. 엄마처럼 살아왔다면 누구라도 똑같은 얘기를 늘어놓을 것이다.

엄마는 서른둘이란 나이에 청상과부가 되어 딸 셋을 키워냈다. 조그만 한복집으로 시작해 한 땀씩 기워낸 성실한 노력이 강남에 빌딩을 소유할 정도의 성공으로 결실을 맺었다.

엄마는 첫째 언니가 결혼에 실패하자, '되는 집, 안 되는 집'을 거론하기 시작하더니, 둘째 언니 결혼 때부터는 상대 집안의 '경제관념'을 까다롭게 따지기 시작했다.

예를 들면 '그까짓 돈 몇 푼이라고 말하는 집안치고 잘 되는 꼴 못 봤다'거나 '신용카드 빚이 있는지부터 확인해보라', 혹은 '그 집에도 새는 구멍이 있을지 모르니 그 구멍이 뭔지 파악하라' 등이었다.

여자가 예상했던 대로, 남자의 집에선 특별한 문제점을 찾아낼 수 없었다. 아이들 세뱃돈은 도서상품권으로 통일되어 있었고, 어른들은 덕담 몇 마디 나누다가 싱겁게 모임을 끝냈다. 그건 분명히 좋은 신호였다.

여자는 세 자매 중에서 엄마와 닮았다는 이야기를 제일 많이 들었다. 용모뿐 아니라 '자기 관리'라는 측면, 특히 돈에 대한 관점 역시 그랬다.

여자는 '돈에 대한 생각이 곧 그 사람'이란 관념을 가지고 있다. 예를 들면 소득을 어떻게 사용하는지에 따라 그의 세계관을 엿볼 수 있다는 식이다. 지출과 저축의 비중이야말로 현재와 미래에 대한 가치관을 명시적으로 반영한 결과라는 게 여자의 분석이다. 어떤 인생을 살아갈 것인지 진지하게 고민한다면, 돈 문제를 포함한 현실적인 부분까지 꼼꼼하게 따져보아야 한다는 것이다.

여자는 자기계발에 쓰는 돈은 아깝다고 생각하지 않는다. 여행 또는 학원수강, 도서 구입 등에는 지갑을 잘 여는 편이다.

반면 그녀가 결혼하려는 남자는 "사람에게 쓰는 돈이 가장 만족스럽다"고 말한다. 사람들에게 밥을 사는 것이야말로 가장 가치 있는 투자라는 것이다. 여자는 남자의 그런 생각에 전폭적인 지지를 보내지는 않지만, 크게 반대를 하는 입장도 아니다.

결혼을 하게 되면 인생의 수많은 변수들과 마주치게 된다. 예단비용으로부터 결혼식 비용, 신혼살림, 출산과 육아 등.

그런 변수들을 함께 헤쳐가기 위해서는 서로 잘 맞는 경제관념을 가진 커플이어야 한다는 것이 여자의 생각이었다. 다행히 두 사람은 이런 점에서는 잘 통하는 편이다. 남의 삶과 나의 삶을 분리해서 볼 줄 아는 안목이 있다는 점에서 그렇다. '친구들이 그랬으니까 나 또한 그래야만 한다'는 강박에서 자유롭다.

"그까짓 돈 몇 푼 가지고 너무하시는 것 아닙니까?"

첫째 언니의 남편이었던 사람이 급할 때마다 달려와 엄마에게 따지듯 묻던 말이었다. 자매는 그를 '한번만 형부'라고 불렀다. "이번이 고비니까 한번만 도와주시면 조만간 대박으로 신세를 갚겠다"던 게 최소한 여덟 번이 넘었다.

'한번만 형부'는 엄마에게 상당한 금액의 돈을 받아가면서도 모녀의 가족을 노골적으로 무시하는 언행을 일삼았다. 첫째 언니가 눈가에 멍이 든 채 짐을 싸서 들어왔을 때였다.

"우리더러 한심하고 촌스럽다는 거야. 후지게 산다고."

여자는 당시에는 그게 무슨 뜻인지 알 수 없었다. 우리 집이 형부네 집보다 훨씬 부자인데, 그래서 형부한테 사업자금까지 빌려주었는데 어떻게 한심하고 촌스럽다는 것인지 이해할 수 없었던 것이다. 후지다는 건 또 뭔지.

나이를 먹고 다양한 경험을 하게 되면서 형부 같은 사람들의 심리를 이해하게 되었다. 그런 사람들 입장에선, '꼬박꼬박 스타일'로 살아가는 이들이 약아빠지지 못하니까 한심해 보인다. 가진 돈으로 편안하고 화려하게 살 수도 있는데, 왜 그렇게 답답하게 사는 것인지 보기만 해도 짜증이 난다는 것이었다.

하지만 그들이 짜증을 내는 진짜 이유는, '꼬박꼬박 스타일'이 온갖 감언이설에도 흔들리지 않으며 돈을 시원하게 푸는 법이 없기 때문이다. 그들 입장에선, 남의 덕에 자기도 돈을 펑펑 써가면서 호사를 부리고 싶은데 그럴 기회를 주지 않으니까 말이다.

'한번만 형부'는 돈을 버는 것보다, 남들에게 어떻게 멋진 모양을 보여줄지 늘 노심초사했다. 그리고 결국 사업을 들어먹었다. 그는 이 모든 실패의 원인을 '도와주지 않은 장모 탓'으로 돌렸고 사돈댁에서 난리가 났다.

최종 결과는 언니의 이혼이었다. 엄마는 그동안 그에게 빌려주었던 돈을 한 푼도 돌려받지 못해 막대한 금전적 손실을 입었다. 형부는 손실을 줄이려고 애를 쓰는 엄마에게 '그까짓 돈 몇 푼 가지고'를 다시 한 번 읊어댔다.

엄마는 '꼬박꼬박'의 상징이었다. 한 땀 한 땀 떠낸 바느질로 돈을 벌어 그것을 꼬박꼬박 모아서, 화려하지는 않지만 탄탄하고 내실 있는 성공을 이루어냈다. 여자는 엄마의 손님이나 친구들 중에도 그런 분이 은근히 많다는 사실을 알고 있다.

여자가 엄마에게 배운 꼬박꼬박의 핵심은 '관리'였다. 관리는 만족 또는 행복의 기술과도 밀접한 관계가 있다. 자신을 아는 것이 관리의 출발점이니까 말이다. 자기 자신이 어떤 사람인지 깨우친 사람은 남들이 뭐라고 하든 흔들리지 않는다. 그들의 사정일 뿐이라고 생각하며 자기중심을 지킬 줄 알고 부화뇌동하지 않는다. 그러니까 크게 위태로울 일이 없다.

꼬박꼬박은 세상에서 가장 위대한 습관이기도 하다. 단순함에 기반을 두고 있기 때문이다. 세상을 움직이는 핵심적인 진리는 모두 단순하기 이를 데 없다. 오랫동안 이어지는 성공치고, 난해해서 한 번에 이해하지 못할 구조를 가진 성공모델은 존재하지 않는다.

사랑이나 행복은 더욱 그렇다. 복잡하게 얽히고설킨 사랑치고 순탄한 일상의 만족으로 이어지는 경우는 거의 없다. 사연이 많은 사랑은 TV 드라마에서나 재미있는 법이다. 반면 건강한 사랑은 '단결정'이다. 단순함의 극치인 것이다.

여자는, 남성들이 흔히 일컫는 꿈들을 면밀하게 살펴보면서, 이를 크게 두 종류로 나눌 수 있다는 것을 발견했다.

첫 번째는 구체적인 인생 목표로서의 꿈이었다. 대부분의 남성들이 갖고 있는 건강한 꿈이다.

다른 하나는 현실을 받아들이고 싶지 않아서 핑계로 내세우는 꿈이었다. '한번만 형부' 같은 사람들이 뜬 구름 잡듯 떠들어대는 호화찬란한 로망. 그럴듯하게 포장하려고 온갖 것들을 갖다가 붙이는 바람에 이것도 되고 저것도 되는 비현실적인 꿈.

첫 번째인지 아니면 두 번째인지는 당사자의 행동을 관찰해보면 알 수 있다. 꼬박꼬박 노력을 하고 있다면 첫 번째임에 틀림없다.

여자는 누군가를 깊숙하게 알고 싶다면, 반드시 그의 가정사를 봐야 한다고 생각한다. 가정은 그가 자라온 교실과도 같다. 그곳에서 배운 내용은 밖에서의 행동이나, 사랑하는 사람을 보는 기준, 직업을 선택하는 안목에 중요한 영향을 미친다. 가정 교실에서 어릴 적부터 보고 배운 것이, 결혼 후 사랑하는 사람을 대하는 태도와 가정 경제를 꾸려가는 태도에도 고스란히 반영된다.

'한번만 형부'와 그녀의 남자의 차이 역시, 그들이 자라온 가정 교실의 환경 차이에서 비롯된다고 보아야 했다.

"우리, 나중에 결혼하면 돈 문제로는 싸우지 말자."

여자는 마주 앉은 남자에게 제안했다. 언니들의 경험에 따르면, 신혼 때는 양쪽 집안 때문에 싸우면서도 그것을 상대방의 문제로 착각하는 경우가 많다고 했다. 게다가 양쪽 집안 문제의 상당 부분은 한 꺼풀만 벗겨놓고 보면 본질적으로 이벤트 혹은 인사치레 같은 '돈과 관련된 문제'라는 것이었다.

여자는 첫째 언니와 '한번만 형부'의 이야기를 털어놓았다. 사랑은 했지만 '돈에 대한 생각'이 달랐던 두 사람이, 돈 때문에 틀어지고 결국에는 돈 때문에 원수 사이로 돌아섰다는 속사정이었다. 지금까지 첫째 언니에 대해서는 '재혼했다'고만 언급해왔다.

남자가 얘기를 듣고는 자기 경험을 들려주었다.

어렸을 때, 그의 부모는 한동안 돈 문제로 매일 다투었다. 자세한 사정까지는 기억이 나지 않지만 아버지 쪽에서 누군가가 망했다는 것 같았다. 아버지가 친척의 빚보증을 섰던 모양이었다. 어머니는 화를 내다가 울음을 터뜨렸고, 아버지는 천정만 보며 말이 없었다.

부모의 그런 일상을, 어린 그가 바꿔놓았다. 어느 날, 부부가 뭔가를 계기로 언성을 높이는데 여섯 살배기 아들이 돼지저금통을 들고 나와 울면서 내밀었다.

"엄마. 이 돈을 전부 줄게. 그러니까 싸우지 마."

부부는 할 말을 잃고 아들의 고사리 같은 손과 저금통을 번갈아 보았다. 그러고는 누가 먼저랄 것도 없이 서로 껴안고 울기 시작했다. "그래. 기특한 것. 너 때문에라도 우리가 다시 시작해봐야겠다." 그 이후, 한동안은 돈 문제로 인한 부부싸움이 일어나지 않았다.

여자는 고사리 손을 가졌던 남자를 그윽한 눈으로 쳐다보다가 물었다.

"혹시 나 모르는, 숨겨둔 빚이나 보증 서준 것 있어?"

남자가 대답했다.

"아니. 전혀 없어. 요즘 친구들 사이에 보증 서달라고 부탁하는 녀석이 어디 있어? 괜히 의리 상하게. 그런데 빚은 왜?"

여자가 웃었다.

"만약 자기한테 빚이 있으면 그걸 다 갚을 때까지 결혼을 미루려고. 내 모토가 '가슴에는 사랑을, 손에는 손익계산서를'이라서 말이지. 하하하."

32

내게 못된 엄마가
되지는 말아줘

여자의 첫 인상은 귀여운 막내 동생이었다. 눈이 크고 얼굴이 둥근 형태여서 실제보다 어려 보였다. 네 살 차이임에도 불구하고, 모르는 사람들은 얼굴에 '도둑놈'이란 표정이 드러날 정도로 오해를 하곤 했다. 남자는 여자와 함께 다니며 다른 남자들의 부러운 시선을 받는 것을 은근히 즐겼다.

그런데 시간이 흐르자, 그녀는 앳되어 보이는 외모와는 어울리지 않게 '누나 같은 여자 친구'로 변해갔다. 누나가 매형에게 하던 심술 궂은 행동들을 그녀 역시 하기 시작한 거였다. 대표적인 게 '나는 되지만 너는 안 돼' 스타일의 간섭이었다.

누나는 매형과 드라마를 함께 보다가도 매형이 여주인공에 관심을 갖는 것을 참지 못했다. 자기는 '요즘 대세'라는 남자 주인공에 홀려 본방송에 재방송, 인터넷까지 챙겨보면서 말이다. 누나의 변명은 이랬다. "드라마 보는 남자는 바보 같단 말이야."

여자 친구도 그랬다. 어쩌다 남자가 동료들과 어울리는 자리에서 정신이 팔려 전화를 받지 못하면 여자한테 하루 종일 구박을 받았다. 약속 시간에 늦는 날에는 비싼 음식점으로 붙들려가 그녀의 시중을 들어야만 했다. 반면 그런 모든 규칙으로부터 자기는 당당하게 예외였다.

남자는 그래도 누나 역할 정도까지는 참을 수 있었다. 지금은 어느새 '엄마 같은 여자 친구'로 변신하는 중이다.

여자와 만나면 피곤하다. 함께 있는 시간 내내 불평을 늘어놓지 않으면 누군가를 부러워하거나 험담하기 일쑤다. 남자에게 다른 약속이 잡히면, 하나하나 이유를 따져가며 못 나가게 하는 것은 물론, 그가 새로운 무언가에 관심을 가질 경우, "그런 것을 왜 하느냐"면서 의지를 꺾어놓곤 했다.

'뭐야. 이거. 자기 옆에 꼭 붙어서 자기 얘기 들어주면서 숨만 쉬고 있으라는 건가?' 남자는 불만이 끓었지만 굳이 시비를 가리고 싶지는 않았다.

남자가 여자에게 원하는 것은 함께 있을 때의 안락함과 평온함이었다. 처음 사귈 때처럼. 그때는 같이 있으면 각자 다른 것을 하면서도 마음이 푸근했다. 그런데 어쩌다 우리는 이렇게 되어버린 것일까. 그녀는 점점 엄마처럼 군다. 일일이 간섭하며 잠시도 내버려두지 않는다.

여자의 오늘 운은 '심원의마心猿意馬'라고 했다. 출근길 지하철 안에서 휴대폰으로 확인한 '오늘의 운세' 이메일 서비스 내용이었다. 얼핏 보기에도 그리 좋지 않은 운.

그녀는 꺼림칙해서 이메일을 닫아버렸다. 운세를 대단히 믿는 것은 아니었지만, 일단 안 좋은 운을 확인한 이상 하루 종일 조심하는 게 좋겠다고 생각했다. 전화 통화 혹은 회의를 할 때 다른 사람의 심기를 건드리지 않도록 각별하게 신경을 썼다. 그 덕분인지 하루 일과를 탈 없이 마칠 수 있었다.

그런데 엉뚱하게도 믿었던 곳에서 사고가 났다.

남자를 만나 저녁을 같이 먹으며 그가 사내 볼링 동호회에 가입했다는 얘기를 들었다. 따라서 일주일에 두 번은 동호회 활동에 참여해야 하므로 만날 수 없다는 것이었다.

여자는 화가 나서 따지기 시작했다. 어떻게 그런 결정을 자기 마음대로 할 수 있는 것인지. 남자는 "선배의 권유도 있었고 어쩌다 보니까 연락할 틈이 없었다"고 핑계를 댔다.

그녀는 납득할 수 없었다. 의지만 있었다면 메신저나 전화로도 충분히 상의를 할 수 있는 문제였다. 여자는 남자의 변명이 앞뒤가 안 맞는다는 사실을 조목조목 지적하기 시작했다. 잠시 후, 남자가 얼굴이 벌개져서는 소리를 질렀다.

"네가 내 엄마야? 왜 이렇게 날 쥐고 네 맘대로 흔드는 거야? 지겹고 피곤해서 못 살겠다고!"

남자는 여자가 어이없어 대답을 못하는 사이 일어나서는 나가버렸다. 여자는 그의 뒷모습이 멀어지는 것을 보면서도 꼼짝할 수 없었다. 무슨 일이 일어난 것인지 실감이 나지 않았기 때문이었다.

여자는 남자의 이성 친구였고, 서로의 사랑을 확인한 뒤로는 애인이었다. 그런데 지금 그의 주장에 따르면, 자신이 '어머니 노릇'을 하고 있단다.

여자는 기가 막혔다. 어머니라고? 남자가 고함을 쳤을 때, 그게 무슨 말도 안 되는 소리인지 따져 묻지 않은 게 후회스러웠다. 억울하고 슬펐다. 어떻게 이토록 마음을 몰라줄 수 있는 것인지.

그녀는 남자가 조금 더 나아지기를 바랐을 뿐이었다. 그가 철없이 굴 때마다 주의를 주고 조언을 해줌으로써 더욱 근사하고 훌륭한 남자로 거듭나게 하고 싶었다. 자신이 아니었다면 그가 어떻게 줄줄 흐르던 촌티를 벗고 여자들이 한번쯤은 돌아봐주는 남자로 거듭날 수 있었단 말인가? 또한 담배를 끊고 운동을 해서 군살 없는 탄탄한 몸매를 갖게 된 건 다 누구 덕이란 말인가?

그런데 그 모든 게 성가신 간섭이라고?

집에 돌아온 여자는 엄지손톱 끝을 깨물다가 휴대폰으로 남자에게 메시지를 보냈다. 분노로 붉으락푸르락했던 그의 얼굴을 떠올리자, 통화보다는 문자로 소통하는 게 나을 것 같았다.

'화나게 해서 미안해. 그냥 오빠가 걱정돼서 그랬던 거야. 내가 사과할게.'

곧바로 남자에게서 답신이 왔다.

'내가 걱정돼서 그랬다고? 난 너한테 엄마가 되어달라고 부탁한

적이 없어.'

여자는 휴대폰을 떨어뜨린 채 울음을 터뜨리고 말았다. 나이만 들었지 철은 들지 않은 이 남자, 어쩜 이렇게 잔인할 수가 있을까.

한참을 울다가 이메일이 도착했다는 신호에 휴대폰을 주워들고 확인해보았다. 남자가 보낸 게 아니라 스팸메일이었다.

불필요한 메일들을 지우다가 화면을 잘못 건드리는 바람에 오늘의 운세 메일이 열렸다.

오늘의 운세, '심원의마 心猿意馬'.

여자는 아침에 지나쳤던 그 내용을 찬찬히 읽어보았다. 마음은 원숭이 같고 생각은 말과 같다는 뜻으로, 마음이 안정되지 않아 생각을 집중할 수 없다는 의미였다.

신기하게도 정말 그랬다. 잡았다 싶으면 순식간에 멀리 내빼는 게 마음이었다. 특히 남자의 마음은 더 그랬다. 잡으려 할수록 더욱 먼 곳으로 도망쳤다. 운세에는 '나 자신의 마음을 헤아리지 못할 때에는 남의 마음을 붙잡기가 더욱 어려우니 스스로를 먼저 돌아보고 스스로에게 집중하라'고 나와 있었다.

여자는 한숨을 쉬었다. 더 나은 남자가 되길 바라는 마음이었는데 그것이 왜 엄마 노릇이고 지겹고 피곤하단 말인가.

여자는 남자를 사귄 것을 후회하기 시작했다. 이리저리 재기만 하고 열정이라곤 눈을 씻고 봐도 찾아볼 수 없는 소심한 겁쟁이에, 잘난 척만 하면서 사랑하는 여자의 마음에는 공감할 줄 모르는 이기주의자. 어쩌다가 이런 남자를 만나 사랑하게 되었을까.

남자는 읽던 책에서 눈을 떼고 휴대폰 화면을 확인했다. 여자로부터는 연락이 없다. 닷새가 다 되어간다. 여자가 어떤지 궁금했지만 오늘 하루만 더 참아보기로 했다. 내일이 되면 또 하루를 참아보게 될 가능성이 높다. 그런 마음으로 지금까지 버텨올 수 있었다.
　여자와 헤어지고 싶은 것은 아니었다. 애초에 그녀에게 심한 말을 쏟아낼 생각도 없었다. 그런데 관계를 이런 식으로 두어선 안 된다는 생각이 점점 강해져 그의 의식 속에 꽉 들어차고 말았다.
　무엇이든 전부 알고 싶고 무슨 일에든 개입하고 싶은 건, 학생 시절에 엄마한테서 충분하게 겪었다. 이제는 엄마가 뭐라 해도 한 걸음 떨어져서 듣고 그 의미를 다시 한 번 생각해보는 나이가 되었다. 그런데 왜 사랑이란 이유로 여자 친구에게 무뇌아 취급을 당하면서 끌려다녀야 한단 말인가.
　물론, 남자는 남녀관계에서 남성이 언제나 우월한 입장이어야 한다고 생각하지는 않는다. 사람에 따라서는 엄마 같은 아내를 만나 꽉 쥐여 사는 게 편한 스타일도 있는 것이다.
　단지 '못된 엄마' 노릇이 문제였다. 자기 마음대로 조종하면서 원하는 대로 해주지 않으면 마구 성질을 부려대니까.
　남성들은 무능한 사람으로 취급을 당할 때가 가장 힘들다. 사귀는 여성에게 그런 말을 들을 때마다 자신감이 양파껍질처럼 하나씩 벗겨지는 것을 느낀다. 여성들은 답답하니까 '분발하라'는 의미에서 자꾸 잔소리를 하게 될 것이다. 하지만 그게 도를 넘으면, 남성들은 여자 친구가 자신을 '대리 성취의 수단' 정도로밖에 생각하지 않는다고 믿게 된다.

지나친 간섭과 잔소리는 남성의 자존감을 갉아먹고 마침내 마음속을 사막으로 만들어 놓는다. 자존감을 잃은 남성은 직장에서도 강한 성취동기를 찾아내지 못한다. 한번 주눅이 들면 사랑하는 여성 앞에서도 자신감을 발휘하지 못한다. 여성들은 그런 남성이 답답해서 미칠 지경이 된다. 다음부터는 악순환의 연속이다.

결과적으로 남성들은 자기의 무능을 자꾸 파헤치는 여성, 함께 있으면 자신의 무능만을 부각시키는 여성을 더 이상은 감당할 수 없게 된다. 피하고만 싶어지는 것이다.

남자가 지금 읽고 있는 책에는 이런 대목이 나온다.

> 많은 여자들이 '사랑하는 남자를 위해 나의 꿈을 포기했다'고 말한다. 그러면서 헌신과 희생의 결과가 행복으로 나타날 것이라고 자신 있게 기대한다.
> 하지만 남자에게는 그런 사랑이 부담스럽게 느껴진다. 남자는 여자가 헌신과 희생을 강조할 때마다 자기도 모르게 한걸음씩 뒤로 물러나게 된다. 여자는 그렇게 자신을 부담스러워하는 남자를 보며 후회와 실패라는 감정에 고통을 받는다.

남자는 다시 휴대폰을 꺼내들었다. 여자에게 전화를 걸어야 할 것 같았다. 그녀의 생각이 정확하게 어떤 것인지 알고 싶었다. 남자가 생각하기에, 두 사람 사이는 아직 무능을 파헤치거나 책임 때문에 부담을 느끼는 정도는 아니었다.

여자는 컴퓨터 화면의 메신저 창에 들어온 전문가의 조언을 소리 내어 읽었다.

"보내주신 글은 잘 봤어요. 사랑하는 남자를 더 좋은 모습으로 발전시키는 것은 우리 여자들에게 매우 의미 있는 일이죠. 문제는 그가 당신이 원하는 방향으로 바뀌면 행복하겠지만, 그 반대일 경우에는 참을 수 없을 만큼 고통스럽다는 점이죠. 더구나 그는 당신이 자꾸 비난을 하거나 강요한다고 오해할 수도 있어요. 그러니 가끔씩은 내버려둔 채 그가 어떻게 하는지 그냥 지켜볼 필요도 있어요."

여자는 인터넷에서 심리전문가를 찾아내어 상담을 원하는 글을 남겼고, 전문가가 메신저로 접속해오면서 대화가 시작된 것이었다. 여자는 키보드를 두드렸다.

'그게 말처럼 쉽지 않으니까 문제죠. 얼마나 답답한데요.'

전문가의 타이핑 속도는 여자보다 훨씬 빨랐다. 그녀의 말이 끝나기 무섭게 답변이 오는 것이 마치 속기사 같았다.

"이런 비유가 옳지는 않지만요. 정을 많이 준 강아지를 생각해보세요. 같이 산책을 나갔다가 적당한 곳에서 풀어주면요, 당신 앞뒤로 부산스럽게 뛰어다니지만 결국에는 목적지에 함께 갔다가 집으로 돌아오는 셈이거든요. 남자도 크게 다르지 않아요. 그가 당신 남자라면 구속해서 끌지 않고 풀어두어도, 당신이 원하는 대로 따라오게 되어 있어요. 자신감을 갖고 당신 인생을 열심히 사는 게 그 사람한테도 좋은 자극이 될 거라고 믿어보세요.”

여자는 전문가라는 사람의 '뻔한 이야기'에 공감이 가지 않았다. 내가 아니라 남자가 문제라는데 왜 나한테 '구속'이니 뭐니 하면서 잘못했다고 하는 것인지 짜증이 났다.

'그게 아니고요. 이런 남자를 어떻게 철들게 할 수 있는 건지 그런 말씀을 좀…….'

전문가의 답변이 금세 도착했다.

"천천히 생각해보세요. 혹시 '우리'를 너무 우선시한 것은 아닌지 말이에요. '나'를 지나치게 '우리' 안에 매몰시켜 놓으면 '그'가 곧 '나'로 여겨지게 되거든요. '나'는 안 보고 자꾸 '그'만 보게 되죠. '그'의 잘못만 눈에 들어와서 간섭을 하게 되고, '그'가 혹시라도 어떻게 될까봐 노심초사하게 되고요. 그가 당신에게 '엄마 노릇'이라고 했던 부분은 이런 것 때문이 아니었을까 싶네요.”

여자는 기습을 당한 것 같은 기분이었다. 전문가의 지적이 옳다고는 인정할 수 없었다. 하지만 전혀 아니라고도 장담할 수 없었다. 그런 측면이 분명히 없지는 않았던 것이다. 전문가가 잠깐 틈을 두고는 다시 메신저 글을 보내왔다.

"그의 싫은 점을 가만히 들여다보세요. 마치 레고 블록처럼 되어 있다는 것을 발견할 수 있을 겁니다. 절반은 그의 문제겠지만 나머지 절반은 당신의 문제이기도 합니다. 당신에게도 그만한 이유가 있는 것이죠. '서로 잘 들어맞는다'는 말은 항상 좋을 때만 쓰는 게 아니거든요.”

잭 캔필드라는 작가는 사랑을 '손에 쥔 모래'에 비유했다고 한다. 모래는 손바닥을 편 채 가만히 있으면 흘러내리지 않는다. 하지만 더 꽉 잡으려고 손을 움켜쥐는 순간, 손가락 사이로 흘러내리고 만다. 사랑도 그렇다는 것이었다.

여자는 혹시 사랑을 모래처럼 너무 꽉 쥐려고 했던 것은 아니었는지 잠깐 생각에 빠졌다. 그러는 사이에 전문가의 메신저가 다시 들어왔다.

"당신이 원한다면 어떤 면에선 그의 엄마가 되어주는 것도 나쁠 건 없겠죠. 만일 그렇다면 좋은 엄마가 되어주세요. 좋은 엄마는 아이를 방 안에 가둬놓지 않아요. 방문을 조금 열어주는 것이 어떨까요? 그가 당신에게 마음의 문을 활짝 열 수 있게 말이죠."

여자는 홀린 것처럼 마지막 문장을 읽고 또 읽었다. 전문가가 인사를 하고 메신저 접속을 끊었는데도 '방문을 열어두어야 그가 당신에게 마음의 문을 활짝 열 수 있다'는 대목에서 좀체 눈을 뗄 수 없었다.

휴대전화 벨이 그녀를 흔들어 깨웠다. 남자였다.

33

행복한 빚쟁이를 찾아서

'축의금과 화환은 정중하게 사양합니다.'

청첩장 밑에 작지만 단호하게 프린트된 글귀. 여자의 시선이 그 부분에 머무른 것을 보고 남자가 조심스러운 목소리로 물었다.

"생각, 변함없는 거지? 만약……. 생각이 바뀌었다면 얘기해. 새로 찍으면 되니까. 난, 네가 결정하는 쪽으로 따를 거야."

여자가 고개를 들었다. 두 사람은 마주보며 웃었다. 그 웃음으로 백 마디 할 말을 대신했다. 결혼이 두 달 앞으로 다가와 있었다.

여자는 결혼을 준비하면서 삶의 모퉁이마다 숨겨져 있던 작은 행복의 포인트들을 새록새록 느낀다. 전에 참담한 실패를 했을 때에는 전혀 못 만났던 느낌이었다.

'이 사람 덕분에 그런 거야.' 여자는 청첩장을 다시 살피는 남자의 기다란 속눈썹을 감상하면서 생각한다.

우리가 사랑을 다룬 영화나 드라마, 소설에 열광하는 까닭은 사랑 그 자체를 열렬하게 사랑하기 때문이다. 특히 두 사람의 차이가 크게 부각되는 사랑 이야기에 우리는 깊이 매혹된다. 사랑이 그 차이를 어떻게 극복하는지 궁금하고, 힘겨운 극복 과정을 지켜보면서 감동과 희망을 얻고 싶은 마음에서다.

철학자 알랭 바디우는 사랑이 혼자서는 도저히 얻을 수 없는 '차이의 진리'를 경험하게 해준다고 말했다. 그에 따르면 사랑이란 서로 다른 사람이 만나 '차이에 관한 새로운 하나의 진리'를 만들어가는 과정이다.

여자 역시 사랑이 '차이의 진리'를 경험하는 과정이라는 말에 동의한다.

그녀는 그래서 사랑이 곧 '서로 주기'라고 생각한다. '서로 주기'는 두 사람 간의 차이 때문에 발생하며, 두 사람은 서로에게 주는 것을 통해 궁극적으로 차이를 뛰어넘게 된다. 나에게 많고 상대에게 적은 것을 주는 과정을 통해서다.

사랑은 그래서 상대방에 대한 헌신이며 또한 '나눗셈'이자 균형인 셈이다.

성경에서도 아내와 남편을 '돕는 배필'이라고 규정한다. '돕는 배필'로 번역된 히브리어는 '에셀 케네그도'인데, '돕는다'는 뜻의 '에셀'과 '마주보고 서 있다'는 뜻의 '케네그도'가 합쳐진 합성어이다. 따라서 '에셀 케네그도'라는 말은 서로 도움을 주고받으며 대등하게 사랑하는 남녀 사이를 의미하는 것이다.

그런데 많은 사람들이 불공정한 거래를 꿈꾼다. 줄 생각보다 받을 생각을 먼저 하며, 설령 먼저 주더라도 50을 줬다는 사실을 잊고 100을 받기를 원하는 것이다.

사랑을 할 때 자기에게만 유리한 '덧셈'을 하기 때문이다. 그런 사랑은 결혼으로 이어질 즈음, 양쪽 가족의 가세로 인해 더욱 복잡한 계산과 다툼으로 이어지기 십상이다.

여자는 2년 전에 결혼을 준비하다가 중단한 경험이 있다.

시어머니가 될 분의 표정이 처음부터 밝지 않았던 것이 마음에 걸렸는데, 여러 가지 절차가 진행되는 과정에서 우려가 현실로, 마치 우박처럼 쏟아져 내렸다.

그 분은 결혼 준비가 시작된 이래 가타부타 말이 없다가, 여자를 밖으로 불러내 "경우가 없어도 이런 정도는 처음 봤다"면서 모욕을 안겨주었다. 그러면서도 구체적으로 무엇을 원하는지 밝히지도 않았다. "한 번뿐인 결혼인데, 왜 성의 없이 하려는지 모르겠다"는 식으로 우회적인 압박을 할 뿐이었다.

엄마가 몇 차례의 시도 끝에 그 분을 만나고 돌아왔다. 엄마와 아빠가 밤늦게까지 두런거리는가 싶더니 엄마의 울음소리가 가늘게 들려왔다. 아침에 보니 엄마의 눈이 퉁퉁 부어 있었다. 여자는 그날 저녁에 엄마로부터 무슨 일이 있었는지 알게 되었다.

시어머니가 될 분이 원하는 수준은 여자의 몇 년 치 연봉에 해당하는 금액이었다. 그것도, 그 분이 열거한 것들만 따졌을 때 그렇다는 것일 뿐, 실제로 준비를 하다 보면 규모가 훨씬 늘어날 게 틀림없었다. 결국 그 요구에 맞추려면 집을 팔아 전세로 옮기는 수밖에 없다는 것이었다.

여자는 곧바로 그 어머니의 아들을 불러내어 따졌다. 사랑한다면서, 어떻게 그런 가혹한 요구를 할 수 있는 것인지, 우리 집 사정을 뻔히 알면서 그렇게까지 해야 하는 이유가 무엇인지.

아들이 짜증스럽다는 표정으로 심드렁하게 말했다.

"어머니도 어쩔 수 없다는 걸 난들 어떡하겠어? 고모나 이모들이 '어떻게 그런 대접을 받을 수 있느냐'고 자꾸 이야기하니까 듣는 어머니도 마음이 불편했다고 하시더라. 친척들한테 체면이 있으니까 어머니도 어느 정도는 모양새를 만들어야만 하는 입장이래. 그나마 너희 집 사정을 많이 헤아려준 거라던데?"

아들은 파랗게 질려가는 그녀의 얼굴은 안중에도 없이 이렇게 쐐기를 박았다.

"그런데 넌 결혼하면서 어떻게 몸만 달랑 올 생각을 했던 거냐? 우리 쪽에서 할 만큼 했고 나도 너한테 그만큼 마음 편하게 해줬으면, 너도 네 부모님이랑 시끄럽지 않게 잘 해결했어야 하는 것 아닌가?"

일반적인 사람간의 관계는 '거래'와 성격이 비슷하다. 주고받음의 조화가 잘 이뤄져야 원활한 관계를 이어갈 수 있다.

그러나 사랑은 다르다. 줄 생각을 먼저 하며 상대에게 그 대가를 바라지 않는다. 성숙한 사랑은 그냥 주는 것이다.

여자는 아찔했던 순간에서 탈출해 대학원에 진학했고, 이제는 여유를 갖고 그 시절을 되돌아볼 수 있게 되었다. 커피 전문점에 앉아 책을 보거나 도서관에서 자료를 찾을 때, 전에는 생각지 못했던 새로운 각성이 문득 찾아와 그녀를 놀라게 한다. 혼자만의 시간이 만들어준 사색의 선물이었다.

그러다가 프랑스 속담처럼 '불행마저 웃게 만들 수 있는 남자'를 만났다.

남자는 상견례에서 당당하게 자기 의견을 주장했다. "저희 둘의 힘으로 최선을 다해 둥지를 만들어갈 테니까 조언만 부탁드린다"고. 양쪽 부모님이 당황한 표정을 짓자 "대한민국 최고 커플의 탄생을 가까이서 지켜보실 수 있는 방청권을 선물로 드리겠다"고 말해 웃음을 만들어냈다.

남자가 청첩장에 오류가 있는지 다시 한 번 살펴본 뒤 휴대폰으로 제작을 맡긴 곳에 전화를 걸었다.

"네. 안녕하세요. 청첩장 샘플 잘 받았습니다. 마음에 드네요. 수정할 사항이 없습니다."

헨리 데이비드 소로는 행복이란 무엇인가라는 질문에 '간소·자립·관대·신뢰'라는 네 단어로 답했다고 한다. 스스로에 대한 덕목 두 가지에, 다른 이와 함께 할 때의 덕목 두 가지.

자기 삶의 균형을 잡는 것뿐 아니라 타인과의 균형도 잘 이루는 사람이 행복하다는 뜻일 것이다.

여자는 친구나 후배가 '왜 저 사람과 결혼을 하느냐'고 물어온다면, 그동안 남자한테서 느낀 분위기를 '책責'이라는 한 글자로 표현하고 싶다. 책임감에서의 '책' 말이다.

'책責' 자를 보면, 글자 윗부분은 '가시 자朿'의 변형자인데, 빌려준 돈貝을 제때 갚지 않아 가시나무朿로 때리면서 재촉하거나 꾸짖는다는 의미라고 한다.

주변의 좋은 남자들을 하나씩 따져보면 유난히 책임감이 강하다는 공통점을 발견할 수 있었다. 뱉은 말에 대해서는 결과로 보여주고, 과거에 지나치게 얽매이거나 미래의 헛된 꿈을 내세우는 법이 없었다.

그러니까 책임감이란 '빚을 지고 있다'는 의식이며, 어른이 된 남성들만이 보여줄 수 있는 최상의 고급 감정인 셈이다. 나이를 먹었다고 모두가 어른이 되는 것은 아니다.

'먼저 주기'에 익숙한 남자 어른은, 사랑하는 여자가 행복을 느끼지 못하면 심한 자책과 죄책감을 느낀다. 줘야 할 것을 충분히 주지 못했다는 '빚쟁이 의식'을 가지고 있기 때문이다.

그러므로 '먼저 주기'를 통해 차이를 극복할 수 있는 남자는 주변 사람들에겐 관대하고 스스로에겐 엄격한 책임감을 갖고 있다. 이런 남자는 어렵지 않게 알아볼 수 있다.

34

여자에겐 일생에 한 번 냉정해야 할 순간이 온다

< 안부게시판

결혼 축하해. 비밀글　　　　　　　　　　　　　　　　　　　No 35. 2012/ 10/ 09 22:37

　　안녕. 막내 이모야.
　　아까 네 엄마한테서 전화 받았어. 날짜 잡았다면서?
　　결혼 축하해. 너한테 전화를 해서 축하 인사를 전할까 했는데, 마침 네 블로그에 들른 김에 여기에 하고 싶은 얘기를 남기는 게 낫겠다 싶어서 우리 둘만 볼 수 있게 비밀글로 남기는 거야.
　　오해하지 않았으면 좋겠어. 나는 결혼에 반대했던 네 엄마와는 다른 입장이니까.
　　너랑 나랑은 나이 차이가 별로 안 나서 어릴 때부터 친하게 지냈잖아? 네 엄마한테는 할 수 없었던 얘기를 나하고는 많이 나눴었지.
　　그냥 간단하게 내 생각 몇 가지만 얘기할게.

나는 네 입장을 이해해. 엄마랑 아빠한테 "잘못된 선택일 수도 있고, 후회할지도 모르지만 그래도 이 길을 가보겠다"고 말했다면서?

멋진 결심이야. 틀렸다는 것을 알더라도 끝까지 갈 수밖에 없는 게 사랑이니까. 진정한 사랑이라면, 그에 따른 위험이나 책임 또한 감수해야겠지.

그렇지만 만약 네 속마음이 '잘못된 선택일 수도 있지만, 그럴수록 내가 잘해서 바꾸면 된다'는 쪽이라면 이모는 말리고 싶어. 심지어 '잘못된 선택일 수도 있지만, 내가 특별히 바뀔 일 같은 건 없을 거야'라는 쪽이라면 더욱 더 말리고 싶어. 이런 측면에선 언니 입장과 비슷하거든.

네 엄마가 결혼을 반대했던 이유는, 너를 잘 파악하고 있기 때문이야. 고집이 세고, 마음을 먹으면 어떻게든 해내고야 마는 딸. 그래서 자랑스러운 딸이었지만 이제는 더욱 걱정이 되는 딸이니까.

결혼생활이란, 절대로 한 사람의 생각이나 의지대로 굴러가는 법이 없다는 점을 명심했으면 좋겠어. 더구나 저쪽이 엄마 아빠가 반대할 정도의 가정환경이라면.

이쯤이면 너는 '케케묵은 진부한 충고는 그만 듣고 싶다'고 생각하겠지? 그런 건 성가시기만 하잖아.

나도 그랬어. 어른들의 낡은 얘기에는 귀를 막아버리고 싶었으니까. 뭘 그렇게 시시콜콜한 것까지 따지려 드는지……. 그런 게 뭐가 중요하다고……. 내가 사랑하고 행복하다는데……. 얼마나 거추장스러웠는지 몰라.

그런데 어른들 말씀에는 다 그만한 이유가 있다는 것을, 결혼 후에 곽팍한 현실과 직접 부딪혀 가면서 알게 됐어.

예를 들자면, 어른들이 상대의 부모님이 계시는지를 먼저 따지는 것은, 그 집안의 가장 기본적인 환경을 파악하기 위해서야. 온전한 부모 없이 자란 사람에게는 뭐랄까 결핍이 있을 수밖에 없으니까 말이지. 가정교육을 제대로 받지 못하고 자랐다는 점이, 결혼 후의 생활에서 한계를 드러낼 가능성도 무시할 수 없지. 물론 예외도 많겠지만 말이야.

한편으로 부모님이 계시는지를 통해 건강을 짐작할 수도 있어. 내 친구 중에 시부모 안 계시다고, 자기는 '시월드에서 자유롭다'며 결혼했던 애가 있거든. 작년에 남편을 잃었어. 암이 집안 내력이었더라. 너는 익숙하지 않겠지만, 고혈압이나 당뇨 같은 많은 질환이 대를 이어 내려가는 병이야. 유전자나 생활습관, 식습관이 유사하니까 그럴 수밖에. 아! 이 부분은 너도 약간은 경험했구나. 네가 예비신랑 집에 가보고는, 그 아버지나 형이 대머리가 아니라는 사실에 안도의 한숨을 쉬었다는 얘기를 언니한테 들었어.

어른들이 상대의 부모가 어떤 사람인지 따지는 이유도 마찬가지야. 주색잡기에 빠진 부모 밑에서 자란 자식이 '본데없다'는 말을 듣는 데는 그만한 이유가 있는 것이지. 그런 환경에서의 '상식'이 일반 사람들과는 다를 수밖에 없을 테니까 말이야.

부모가 어떤 사람인지에는 '열심히 살았는지' 여부도 포함된다는 것을 나도 얼마 전에야 알게 됐어. 열심히 살아본 경험이 없는 사람들은 남의 노력을 대수롭지 않게 여기는 경향이 있어. 남을 쉽게 생각하기 때문에 남의 주머니까지 자기 것으로 여기지. 사위 또는 며느리의 호주머니를 수시로 넘보고 급기야 사돈의 재산마저 호시탐탐 노리는 부모들이 그런 유형이야. 막장 드라마에서나 볼 수 있는 캐릭터라고? 천만에. 세상의 모든 부모가 네 엄마 아빠 같지는 않다는 사실을 받아들여야 해.

이밖에도 어른들이 따지는 결혼점검 항목이 여러 가지가 있잖아. 나 역시 결혼을 할 때에는, 그런 건 이미 다 알고 있다고 생각했어. 내가 사랑하는 사람이니까, 무엇이든 내가 더 많이 안다고 생각했어. 그런데 다 알면 뭐해?

왜 그런지는 몰랐던 거야. 어른들이 대를 이어 전수해주는 지혜 속에 담긴 속뜻을 말이지. 세월이 흐르면서 보니까, 그게 정말 기가 막히게 맞아떨어지더라. 나뿐만 아니라 내 친구들도 그래.

오해하지 마. 이런 얘기를, 결혼 날짜까지 잡은 마당에 굳이 하는 건, 네 결혼을 반대하기 때문이 아니야.

마음의 준비를 해두라는 뜻에서야. 어른들이 걱정하는 부분들을, 결혼을 하는 당사자인 네가 염두에 두고 있어야 한다는 의미야.

생각해봐. 어느 쪽이 더 나은 결과를 맞이할 수 있을까? 미리 마음속에 담아두고 있던 상황에 닥친 사람과, '나에겐 그런 일이 생길 턱이 없다'며 무방비였던 사람 중에서.

내 경험에 따르면 하늘과 땅만큼의 차이였어. 그러니까 여자에겐 일생에 한 번은 냉정해야 할 순간이 반드시 필요한 거야.

나는 결혼생활에 '처세의 지혜' 같은 것이 필요하다고 생각해.
오늘 내가 정말로 하고 싶은 얘기는 지금부터야.
사랑하는 나의 조카에게 세 가지만 충고하고 싶어.
첫째는, 사랑하는 남자를 통해 결혼생활을 끌고 나가는 지혜를 발휘했으면 좋겠어. 사람들 앞에서 너보다는 그가 빛나도록 각별하게 신경을 쓰라는 의미야.
여자들은 보통 '사랑하는 사람만은 나에게 져주었으면' 하는 기대를 품고 있는 이가 많은 것 같아. 그런 기대가 깨질 때면 자존심에 큰 상처를 받지.
너는 특히 결혼을 하기 전부터 '져주는 연습'을 많이 해봤으면 좋겠어. 결혼생활에서는, 져주는 것이 패배가 아니라 투자일 때가 많아. 얻고자 할수록 먼저 내주는 게 궁극적인 승리로 귀결된다는 진실을 네가 마음속으로 받아들일 날이 올 거야.
두 번째는, 어른들한테 네 속마음을 섣불리 들키지 말라는 거야. 어른들이 뭔가를 지시하면 일단 "네" 하고 대답하는 버릇을 들이는 게 좋아. 이 부분은 어른들에 대한 기본적인 태도이기도 해.
그런 다음에 생각해보는 거야. 이게 될 일인지, 안 될 일인지, 아니면 받아들일 수 없는 일인지. 만약 부정적인 판단이 든다면 최소한 시늉이라도 하면서 시간을 끄는 게 정답이야. 어른들에겐 시킨 일 자체보다는 체면이 훼손당하지 않는 게 훨씬 중요하거든.

이런 과정을 겪어가면서 너도 어른이 되는 걸 느끼게 될 거야. 어른이 된다는 의미는, 자신의 부모마저 결함투성이의 인간에 불과하다는 것을 인식하는 것이라고 생각해. 너의 부모, 동시에 사랑하는 이의 부모라는 우상을 마음속에서 무너뜨림으로써 너에게 큰 깨달음이 찾아올 거야. 그것이야말로 발전이고, 자식 된 자의 도리이기도 하거든. 부모보다 나은 삶을 살아가는 것 말이지.

마지막 세 번째는, 지금까지 배워온 것들보다 더 많은 것들을 기꺼이 배워야 한다는 점이야. 결혼은 매우 복합적인 것들로 이뤄져 있어. 사랑만으로 구성된 결혼이란 있을 수 없거든.

사랑 외에도 시련, 모욕, 배신감, 미움, 소외감, 슬픔 같은 온갖 감정들이 너에게 예고도 없이 찾아올 거야. 그래서 많이 힘들 테고.

그렇지만 너는 그 속에서 무엇보다도 중요한 인내와 용서에 익숙해지게 될 거야. 그럼으로써 삶의 균형을 잡아 한걸음씩 앞으로 나아가며 성장하는 것이지.

네가 나와 똑같은 시행착오를 겪지는 않았으면 해. 네가 행복하게 살았으면 좋겠어. 그러기 위해선 네가 조금 더 냉정해지길 바라는 마음이야. 차분하게 네 주변을 둘러보고 대응할 수 있도록 말이지.

다시 한 번, 결혼 축하해. 행복하렴.

사랑하는 막내 이모가.

35

그 사람에게서
무엇을 배울 것인가

"오늘 하루 휴가 내는 게 뭐가 그렇게 어려워? 나를 위해서 그 정도도 못 해준단 말이야?"

여자가 몇 번을 다그치고 나서야 남자는 한숨을 내쉬며 마지못해 그러겠다고 했다.

그녀는 일심동체 같은 환상을 품지는 않았지만, 사랑하는 사이라면 '내가 좋아하는 것을 상대도 존중해주어야 한다'고 생각한다. 그것은 연인 사이의 예의와도 같은 것이다. 남자는 평소에는 그렇게 해주는 편이었다.

그런데 이번에는 성의가 없어 보여 여자의 심기가 불편했다. 사랑하는 사람이 오랫동안 꿈꿔온 것을 해보고 싶다는데, '밀린 일'이며 '회의 준비' 같은 핑계는 뭐란 말인가. 이런 남자를 뭘 믿고 결혼을 생각했는지, 알다가도 모를 일이었다.

여자는 예전부터 '회사를 하루 쉬고 불시에 여행을 떠나보면 어떤 기분일까' 궁금했고, 그런 충동이 야생마처럼 뛰어오르는 날에 반드시 실행에 옮기겠다고 별러왔다.

오늘 아침, 잠에서 깼을 때 '감'이 왔다. 그녀는 발코니 밖을 내다보고 틀림없다는 것을 확인했다. 구름 한 점 없이 맑게 갠 하늘이 '오늘이 바로 그날'임을 알려주는 사인이었다.

여자는 남해 바다에 가기로 결심했다. 상사에게 전화를 걸어 '집안의 급한 일'을 날조하면서도 머릿속에는 낭만적인 장면을 세밀화처럼 그려내고 있었다. 그와 함께 바닷가를 여유롭게 거닌 다음, 맛있는 음식을 먹고, 빨갛게 불타오르는 노을을 말없이 바라보면서 어깨 위로 그의 따스한 손길을 느끼는 장면.

남자가 차를 몰고 데리러 올 때까지 옷과 모자, 가방 등을 매칭해보면서 모처럼 여유 있는 시간을 보냈다.

"고속도로가 많이 막힌다는데 괜찮을까?"

여자는 그의 걱정 어린 전화를 받자 또 못마땅했다. 꿈꿔온 것을 성취하게 되었는데 왜 그런 것을 가지고 쓸데없는 신경을 쓰는 것인지.

쓸데없는 신경을 쓴 것이 아니었다. 고속도로로 진입하는 데만 두 시간이 넘게 걸렸고, 그 이후에도 거북이걸음이 이어졌다. 차들이 어딘가 숨어 있다가 그녀가 바다에 간다는 소식을 듣고 죄다 몰려와 방해를 하는 것만 같았다. 도대체 어떻게 이토록 막힐 수가 있는 것인지.

주중에 회사를 땡땡이치고 한달음에 남해 바다로 달려가겠다던 그녀의 계획이 초반부터 교통체증이라는 변수를 만났다. 커다란 풍선처럼 부풀었던 희망에서 바람이 빠져나가는 소리가 들리기 시작했다. 불길한 느낌.

"너무 막히는데 차라리 돌아갈까?"

남자가 물었지만 여자는 대꾸를 하지 않았다. 흔들리는 기분을 들킨 것 같아서 싫었다. 겨우 교통체증 따위에 밀려 패배를 자인하는 것 또한 있을 수 없는 일이었다.

치솟는 짜증을 꾹 눌러 참으면서 미동도 하지 않는 앞 차의 번호판을 째려보았다. 그런다고 체증이 시원하게 뚫릴 까닭이 없었다. 여자가 입을 꼭 다물자 분위기가 서먹해졌고 대화가 끊겼다. 남자는 라디오를 켰다.

잠깐 졸았던 것일까. 여자는 커다란 음악소리에 기겁을 하면서 눈을 떴다.

"시끄러워 죽겠어. 이것 좀 꺼!"

그녀의 고함에 이번에는 남자가 깜짝 놀라 스테레오의 전원을 껐다. 차들은 여전히 가다가 서기를 반복하고 있었다. 그가 하품을 하고는 손가락으로 눈을 비볐다.

"놀랐어? 채널을 바꿨더니 정신없이 막 나오는 바람에……."

그러면서 또 하품. 남자 역시 졸렸던 것이다. 여자는 그에게 안쓰러움을 느꼈다.

요 며칠 동안 회식과 야근 때문에 제대로 쉬지 못했다는 불평을 들은 게 바로 어제였다. 친구들과 어울리다가 야근을 마친 그를 불러 따뜻한 차를 한 잔 마셨다. 그는 피곤한 와중에도 여자를 집까지 바래다주고 돌아갔다.

그런데 그런 사정을 완전히 잊은 채, 아침 일찍 전화를 걸어 번갯불에 콩 볶듯 여행을 가자고 보챈 데 이어 장거리 운전까지 시키고 있으니……. 여자는 자기 생각만 한 것 같아서 미안해졌다.

하지만 혼자만 즐기려고 여행을 가자는 것도 아니고, 몇 년 동안 고대해온 즐거움을 같이 누려보자는 것인데……. 사랑하는 사이에 그런 정도의 요구를 하는 건 절대로 무리라고 할 수 없는 것이었다. 여자는 그렇게 믿어보기로 했다.

우리들 대부분은 사랑에 대해 따로 배울 필요가 없다고 생각한다. 다만 어떻게 하면 상대로 하여금 나를 사랑하도록 만들 것인가 하는 점에 비상한 관심을 쏟는다. 사랑을 매력 혹은 능력의 차원으로 여기기 때문이다. 그래서 많은 사람이 사랑을 받는 방법에만 치중하면서, 상대에게 어떻게 줄 것인지는 고민하지 않는다.

여자는 오래 전부터 그런 사랑은 하지 않는다고 자부해왔다. 하지만 오늘 아침부터 그녀가 했던 일을 엄밀하게 따져 보면 그런 자부심과 거리가 먼 것이었다. 여자는 결국 자괴감을 느끼고야 말았다.

마침내 고속도로를 빠져나와 국도로 접어들었다. 휴게소를 몇 번 들르고 점심까지 먹는 바람에 이미 오후가 되었지만, 낙조는 맑은

날씨에 제대로 볼 수 있을 것이란 기대감이 다시 여자의 가슴을 설레게 했다.

"앗! 저게 뭐야!"

남자가 급하게 차를 길 가장자리에 세웠다. 여자는 이유도 모른 채 남자를 따라 차에서 내렸다. 남자가 지나온 길로 달려가기 시작했다.

30미터쯤 갔을까. 작은 개울에 아이가 있었다. 아홉 살 혹은 열 살 정도 되어 보이는 남자 아이였다. 아이는 머리와 어깨에 진흙을 잔뜩 뒤집어쓴 채 개울 위로 자전거를 밀어 올리려고 기를 쓰는 중이었다. 남자가 위에서 자전거를 잡아 올려주었다.

"넘어져서 빠졌구나. 어디 다치지는 않았니?"

그가 아이를 살펴보면서 물었다. 아이는 대답 대신 팔꿈치를 들어 보였다. 많이 긁혀서 피가 흐르고 있었다. 여자가 손수건으로 상처를 싸매주었다. 남자는 아이의 왼쪽 새끼손가락이 퉁퉁 부어있는 것을 발견했다. 아이한테 들리지 않도록 여자에게 "뼈가 부러졌을지도 모른다"고 말했다.

아이에게 집을 물었지만 "아무도 없다"는 대답이 돌아왔다. 엄마는 없고, 아빠는 배를 수리하는 공장에 출근을 했다고 했다. 아무래도 두 사람이 아이를 병원으로 데려갈 수밖에 없는 상황이었다.

여자는 고속도로에서 느꼈던 불길한 기운이 비로소 현실이 되어 다가왔음을 알았다. 이번 여행을 망치고야 말 것 같은 두려움에 초조해지기 시작했다. 다행히 아이 아빠와 연락이 되어 '곧 병원으로

가겠다'는 대답을 들었으나 아이만 혼자 남겨 놓고 떠날 수는 없는 노릇이었다.

그 사이에 눈치 없는 남자는 아이의 손가락을 걱정하며 아예 보호자를 자처하고 나섰다. 의사를 만나 자초지종을 설명하고는 엑스레이를 찍는 곳까지 따라갔다.

여자는 흐르는 시간이 아까워서 미칠 것 같았다. 몇 년을 별러온 프로젝트인데 환상적인 여행은 어디로 가고 누군지도 모를 아이의 뒤치다꺼리나 하고 있으니 이게 무슨 꼴인지.

다행히도 골절은 아니라는 결과가 나왔다. 마침 아이의 아빠가 도착했다. 남자가 나서서 다시 경위를 설명하고 감사 인사를 받으면서 이런저런 이야기를 거듭하는 가운데 또 시간이 흘렀다. 여자는 이제 체념 상태였다. 그럼 그렇지 낙조는 무슨……

밤바다에는 아무 것도 없었다. 시커먼 바다는 모든 것을 삼켜버릴 기세였으며, 낭만 같은 것은 눈을 씻고 봐도 찾을 수 없었다. 남자가 "차로 돌아가자"고 설득했으나 여자는 들은 척도 하지 않았다.

조금만 서둘렀다면 석양의 피날레 정도는 볼 수 있었을 것이다. 길바닥에서 시간을 버리고, 아이 때문에 병원에 붙잡혀 있더니 결국 이렇게 되고 말았다. 아무 것도 건진 게 없는 여행. 오래 전부터 꿈꿔왔던 프로젝트의 허무한 결말.

매서운 바람이 여민 옷깃 사이로 파고들어 체온을 갉아먹었다. 여자는 덜덜 떨다가 마침내 백기를 들고 말았다. "추워 죽겠어. 따뜻한

거나 좀 사줘."

　두 사람은 한가한 식당에서 매운탕을 먹으며 어두운 밤바다를 지켜보았다. 여자는 오늘 하루를 망쳤다고 남자에게 투덜댈 힘마저 잃어버린 상태였다. 지쳤고 귀찮고 추웠다. 그래도 한 가지만은 물어보고 싶었다.

　"아까, 그 애……. 괜찮겠지?"

　남자가 뜨거운 국물을 호호 불며 마시다가 고개만 끄덕이는 것으로 대답을 대신했다.

　"그런데 그 애한테 왜 그렇게 친절하게 해줬어? 다른 차들은 그냥 지나쳐 가던데……. 병원에서도 그 애 아빠라도 된 것처럼 손도 잡아주고……."

　남자가 장난스럽게 대꾸했다.

　"그러는 너는? 차에서 그 애 머리에 묻은 진흙을 닦아주고, 안아주고 했잖아. 네 옷에 진흙 묻는 것도 신경 안 쓰면서 잘해줘서……. 내가 속으로 얼마나 질투했는지 알아?"

　여자가 웃음을 터뜨렸다. 남자가 같이 웃다가 어릴 적 얘기를 해주었다.

　"미아가 되었던 적이 있어. 엄마를 따라 시장에 갔는데, 뭐가 잘못됐는지 모르지만 혼자서 울고 있었던 거야. 어떤 아저씨가 내 손을 잡고는 우리 집을 찾아 나섰어."

　더운 여름날이었다. 아저씨가 '이 골목이 맞냐'고 하면 어린 그가 고개를 끄덕이고, 벨을 눌러보면 다른 집이고……. 어린 눈에는 골목이면 전부 그 골목에, 집이면 죄다 그 집처럼 보였다. 아저씨는 땀을 뻘뻘 흘리면서 그를 데리고 다녔다.

그를 찾아 헤매던 어머니와 대로변에서 마주친 것은 해가 저물어 어두워졌을 때였다. 나중에 '미아 사건'이 가족의 화제가 되었을 때, 어머니는 점심 전에 그를 잃어버렸다고 했다. 그렇다면, 그 아저씨는 최소한 여덟 시간 이상을 그와 함께 집을 찾아다닌 셈이었다.

어머니가 그를 부여잡고 울다가 고맙다는 인사를 다시 하려고 했을 때에는 이미 아저씨가 어디론가 사라진 뒤였다. 그 이유는 알 수 없었다. 아저씨에게는 그런 게 별 일이 아니었는지, 아니면 인사치레를 받는 것이 부담스러웠는지.

"요즘처럼 험해진 세상에선 일어나기 힘든 일일지도 몰라. 당시의 내가 운이 좋았는지도 모르고. 어쨌든 신기한 것은 그 아저씨 생각을, 철이 든 이후로 자주 하게 돼. 그때 나에 대한 아저씨의 심정은 어떤 것이었을까 하는……. 세상살이가 괴로울 때나 마음이 흐트러질 때마다 아저씨가 나한테 체험으로 가르쳐준 것을 생각하고 또 생각하고……. 그러다 보면 마음이 편안해지거든. 아저씨가 가르쳐준 게 뭐냐고? 아저씨가 직접 언급한 것도 아니고, 내가 그렇게 해석한 것이지만, 아마도 '연민'과 '관대함'이 아니었을까?"

"연민?"

여자는 주유소에 들른 남자가 뭔가를 사러 간 사이에 휴대폰으로 검색을 해보았다. 자기 또한 그런 것을 언젠가 경험해본 것 같은 느낌이 기억 밑바닥에서 자꾸 꿈틀대는 것이었다.

요즘 사람들이 여간해서는 쓰지 않는 말. 몇 분 단위로 세상이 바뀌는 디지털 무한 경쟁시대에 그런 케케묵은 단어를, 사람들이 얼마나 사용하겠는가. 세상살이가 점점 각박해지는 세태를 감안하면 머지않은 미래에 사어死語 대접을 받을 수도 있다.

그런데도 이상하게 여자의 마음을 잡아끄는 무엇인가가 있었다.

연민. 다른 사람을 측은하게 여기는 착한 심성. 영어로는 compassion. 고통을 뜻하는 라틴어의 'pati'와 함께를 의미하는 'cum'에서 파생되었다고 한다. 그러니까 원래는 '함께 고통을 받는다'는 의미였다.

관대함. 마음이 너그럽고 크다. 조화로운 삶을 위해 가장 필요한 덕목. 어떤 신문의 칼럼은 '타인의 존재나 행위를 자신의 가치로 판단하지 않는 것'이라고 표현했다.

"뭐하고 있어?"

남자가 돌아와서 생수와 껌을 내밀었다. "돌아가는 길도 많이 막힐 테니까 천천히 가자"고 했다. 여자는 고개를 끄덕이면서도 생각은 그 무엇인가, 기억이 날 것 같으면서도 아슬아슬하게 나지 않는 느낌의 원인에 머물러 있었다.

고속도로 휴게소에서 커피를 마시다가, 뜬금없이 그게 생각이 났다. 알 듯 말 듯했던 기억은 얼마 전에 보았던 TV 다큐멘터리에서 비롯된 것이었다.

공원의 나무들 사이로 햇살이 새치름하게 비춰주는 길을 노인 부부가 걷는 모습. 할아버지가 거동이 불편한 할머니를 부축해 산책을 하는 장면이었다.

카메라가 다가가 '부부로 70년 동안 행복하게 살아온 비결'을 물었다. 할아버지는 인자한 웃음을 지으면서 이렇게 대답했다.

"결혼하고 나서는 이 사람을 바꾸려고 해본 적이 없지. 이 사람한테는 이 사람 방식이 좋을 테니까. 그렇지만 시집살이하는 걸 보면서 늘 안타깝고 미안했어."

그 할아버지의 이야기도 '연민'과 '관대함'으로 해석된다. 시집살이하는 아내에 대한 연민과, 상대의 방식을 존중하며 자기 마음대로 바꾸려 하지 않는 관대함.

여자는 아까부터 왜 자꾸 신경이 쓰였는지 비로소 깨달았다. 막히는 길에서 남자에게 짜증을 부리고 나서 느꼈던 감정과 연속선상에 있었던 것이었다. 걸핏하면 '나한테 둔감하다'며 남자를 몰아세우면서도 정작 자신은 '원하는 것'에만 민감했다.

다시 생각해보니까 '연민'과 '관대함', 그것이 바로 사랑을 주는 능력의 핵심이기도 했다. 어쩌면, 사랑의 황금률일 수도 있겠다. '상대가 원하는 대로 먼저 주는 것', 아울러 '내가 받고 싶은 대로 상대에게 해주는 것.'

그렇게 성숙한 사랑을 할 수 있는 사람이 우리들 중에 얼마나 되겠는가. 사랑받아 행복한 여자가 많지 않은 데는 그만한 이유가 있는 것이다.

화장실에 다녀온 그가 테이블에 앉아 커피를 한 모금 마셨다. 여자는 남자의 얼굴을 마주하자 빙그레 웃음을 지었다.

"미안해. 오늘 괜히 고집을 부려서……. 막히는 길 운전하느라 고생만 시키고, 회사 일도 못하게 하고……. 정말 미안해."

남자가 겸연쩍어하면서 웃었다.

"아냐. 내가 사과를 해야 할 일인데 뭐. 네가 얼마나 하고 싶었던 일인데, 어쩌다 보니까 나도 모르게 그런 일에 나서게 되고……. 미안하다. 멋진 바다를 보여주지는 못하고 밤바다에서 떨게 만들어서."

하지만 그녀는 더 이상 화가 나지 않았다. 물론 바닷가를 거닐지도 못했고 환상적인 낙조도 볼 수 없었지만, 돌이켜 보니까 나름대로 재미가 있었다. 술술 풀린 여행이었다면 결코 만나보지 못했을 경험이었다. 적당한 고생과 우여곡절, 기대했던 것과는 전혀 다른 전개.

낯선 시간을 통해 남자의 새로운 면모를 발견했고, 그가 상상했던 것보다 훨씬 더 인간적인 사람이라는 것을 알게 됐다. 그와 하루를 함께 하면서 스스로 많이 착해진 것 같은 뿌듯함. 눈의 즐거움을 놓치는 대신, 마음속을 풍족하게 채워 돌아가는 여행이었다.

앞으로도 많이 배우고, 더욱 성숙한 사랑을 해야겠다는 다짐과 함께 말이다.

사랑받는 일은 불타오름에 지나지 않으나
사랑하는 것은 마르지 않는 기름에 의해 빛남을 말한다.
그러므로 사랑받는 것은 사라져 버리지만 사랑하는 것은 오랫동안 지속한다.
―라이너 마리아 릴케

36

또 다른 사랑의 시작

"선배님, 죄송한데요. 댁에는 신혼여행 다녀와서 나중에 찾아뵈면 안 될까요? 조금 복잡한 일이 생겨서 말이죠."

남자는 전화를 걸어 급한 대로 핑계를 대봤으나 소용이 없었다. 선배가 당장 내일 외국으로 떠난다는 것만 신경을 썼지, 장기 출장이라는 사실은 깜빡했던 것이었다. "지금 당장 달려오라"는 호령이 떨어졌다.

남자는 방금 전까지 다투다가 집으로 돌아간 그녀를 다시 불러볼까 망설이다가 포기했다. 생각만 해도 화가 치밀었다. '무슨 쇼를 그렇게 못 해서 난리인지.'

여자들이 원래 결혼식에 목숨을 건다는 얘기는 많이 들었다. 그래서 웬만하면 그녀가 원하는 대로 하려고 했다. 안 따지고 양보해주면서 성가신 요구마저 꾹 참고 들어주었다. 일생에 한 번뿐인 결혼이라니까.

그런데 이제는 "도와주기는커녕 모른 척하면서 혼자만 고생을 시킨다"고 난리였다. 자기가 좋아하는 것을 마음껏 고르면서 왜 신경질을 부리는지 알 수 없었다.

선배 내외분은 남자가 혼자 나타난 것을 보고는 당황한 눈치였지만, "싸웠다"는 말을 듣고서야 오히려 안심이 되었는지 의미심장해 보이는 웃음을 서로 나누었다.

선배와 남자는 대학 동아리 선후배 사이였다. 남자는 오래 전에 선배로부터 약속을 받아낸 게 있었다. 그의 결혼식 때 축가를 불러 주기로 한 것이었다. 선배가 학내 가요제에서 금상을 탔을 때 농담 반 진담 반으로 약속을 했던 것이 벌써 10년 전이었다.

하지만 막상 결혼식 날짜를 잡고 보니, 서로 일정이 맞지 않았다. 그래서 선배가 "약속을 못 지키게 되어 미안하니까, 신부와 함께 우리 집에 와서 저녁이나 먹고 가라"고 청한 것이었다.

"많이 불안했어요. 예단이며 혼수며 신경 쓸 것들이 하나둘이 아니고 결혼식 준비로 신경이 곤두서 있는데, 이 남자는 '그런 게 뭐가 중요하냐'는 식이었죠. 남자들이 많이들 그렇다고는 하지만 '내가 이런 사람을 어떻게 믿고 결혼하나' 하는 불안감이 들었죠."

형수가 그의 앞에 토란국 대접을 놓아주면서 말했다. 부부는 당사자의 얘기를 굳이 들어보지 않아도 다툰 이유를 훤하게 짐작하는 것 같았다. 그만큼 연륜이 쌓였기 때문일까.

결혼을 앞둔 여자들 가운데 상당수가 '내가 이 결혼을 과연 잘 하는 것일까' 하는 회의에 빠진다고 한다. 사귈 때는 언제까지나 튼튼할 것 같았던 믿음이 결혼을 준비하는 과정에서 흔들리는 경우가 있다는 것이다.

게다가 결혼을 통해 '나를 잃어버릴 것만 같은' 불안감까지 겹쳐진다. 남편과 시댁에 맞춰 살다 보면 결국에는 내 인생이 아닌, 남들이 원하는 인생을 살아갈 수밖에 없을 것이라는 두려움.

선배가 상추쌈을 한입 가득 넣고는 우물우물 씹어 삼키고 말했다.

"남자들은 안 그런 줄 알아? 나도 결혼식 며칠 전에 당신하고 대판 싸우고 나서는 '혹시 내가 잘못 선택한 것이 아닌가' 불안해서 잠을 못 잤어. 남자들은 결혼식 같은 이벤트에는 큰 관심이 없지만 '앞으로 어떻게 살아야 하나' 하는 걱정 때문에 속으로 끙끙 앓아. 내색을 못해서 그렇지, 남자도 불안한 건 매한가지인 거야."

남자는 선배의 말에 공감한다.

정말로 그랬다. 결혼이라는 문을 열고 나가면, 망망대해가 끝없이 펼쳐져 있을 것만 같았다. 어디로 가야 할지, 짐작도 할 수 없는.

실업자 신세를 경험해본 남성이라면 느낀 적이 있을 것이다. 아침에 잠에서 깨어도 여전히 캄캄한 일상, 세수를 하면서도 한숨밖에 나오지 않는 막막함.

새신랑이란 엄밀하게 따지고 보면, 거대한 세상 앞에서는 자기 몸뚱이 하나 온전히 간수할 수 있을지조차 불확실한 사회초년생에 불과한 것이다. '가족'이라는 것을 구성해 과연 잘 끌어갈 수 있을지,

겉으로 호기를 부리는 만큼 속으로는 겁이 나서 어쩔 줄 모르는 약한 존재일 뿐이다.

남자는, 오늘 여자와 다툴 수밖에 없었던 원인을 지금 깨달았다. 두 사람 모두 불안했고, 그런 불안이 서로의 불안을 자극해 충돌한 것이었다.

식사가 끝나고 형수가 과일을 깎는 사이, 선배가 조그만 액자를 가져와 남자에게 내밀었다.

"결혼 선물이야. 축가도 그렇지만, 결혼식 참석을 못하게 되어서 미안한 마음에 아버지한테 특별히 부탁을 드렸어. 우리 아버지, 상당한 서예가인 거 알지?"

액자에는 이렇게 쓰여 있었다.

'生而不有 爲而不恃

長而不宰 是謂玄德'

"제가 한자는 잘 몰라서……. 이게 무슨 뜻인가요?"

남자가 선배에게 물었다.

선배는 노자의 가르침 몇 가지를 모아놓은 글이라고 했다.

'생이불유, 위이불시

장이불재, 시위현덕'

"아버지께서 우리 부부가 결혼했을 때 써주셨던 글이야. 높은 덕을 설명하는 글이래. '만들었지만 소유하려 들지 않고, 행하되 내세우지 않으며, 머리가 되어도 지배하지 않으니, 이를 가리켜 그윽한

덕이라고 한다'는 것이 원래의 뜻이야. 그런데 우리는 이 글을 멋대로 해석해서 부부지침으로 삼고 있어. 한번 들어볼래?"

선배는 생이불유生而不有의 '생生'을 '살아가는 것'으로, 위이불시爲而不恃의 '위爲'는 '꾸미는 것'으로 각각 해석했다. 그 결과 '살아가지만 없는 듯이 하고, 꾸미지만 꾸밈에 의지하지는 않으며'라는 문장이 만들어졌다.

"없는 듯 살아간다는 것을, 우리는 서로에게 자기 존재를 강요하지 않음으로써 부담을 주지 않는다는 쪽으로 생각하고 있어. 사랑하지만 서로를 제 것으로 가두어두려는 욕심 때문에 되레 불행해지는 경우가 많잖아?"

선배는 부부간에도 어느 정도의 꾸밈이 있어야 한다고 했다. 때로는 속마음을 감추기도 하고 져주는 척을 할 필요도 있는데 그것이 곧 '상대에 대한 예의'라는 주장이었다. '완전한 한 마음'이란 환상에서는 벗어나되, 그렇다고 꾸밈에 지나치게 의지하지는 않는 적정선을 지키는 것이 중요하다는 것.

아울러 그것이 결혼 이전의 사랑과는 다른, '부부의 어른스러운 사랑'이라는 게 선배의 설명이었다. 분명히 존재하지만 없는 듯이 보이기도 하는, 자연스럽고 성숙하며, 서로에게 공기처럼 편안한 사랑 말이다.

형수가 마침 선배의 말처럼 편안해 보이는 미소를 지으면서 남자에게 말했다.

"며칠 전에 다림질을 하다가 라디오에서 재미있는 얘기를 들었는데요. 그 얘기를 해드릴게요."

　남자는 밤거리를 걸으며 여자에게 전화를 걸었다. 액자가 생각보다 묵직했지만 부담스러운 정도는 아니었다.
　남자는 여자와 처음 사랑에 빠졌을 때 이런 말을 자주 했었다. '헤어지기 싫어. 계속 같이 있으면 안 될까?' 여자를 집까지 바래다주고도 그 앞에서 20~30분 이상 서서 이야기를 나누곤 했다. 집에 돌아와서도 새벽까지 통화를 했다.
　그런데 막상 결혼식 날짜가 잡히자 이상하게 자신감이 사라졌다. 그녀가 결혼 준비 모드로 돌입한 순간부터 자꾸 뒷걸음질을 하고 있는 스스로를 발견했다. 그녀의 지적은 사실이었다. 그는 숨기고 싶었던 곳을 정확하게 찔렸기 때문에 화를 냈던 거였다.
　여자가 전화를 받았다. "나야." 남자는 잠시 멈춰 서서 액자를 내려놓은 뒤 전화기를 바꿔 들었다. 솔직하게 마음을 털어놓기로 결심했다. 선배가 준 액자의 글귀처럼, 때로는 상대를 안심시키기 위해 강한 척 스스로를 꾸밀 수 있으나, 언제까지나 그런 '꾸밈'에만 의지할 수는 없는 노릇이었다.
　"아까는 미안해. 결혼이라는 게 어쩐지 망망대해처럼 느껴졌어. 뭔가 대단한 것을 해야 할 것 같고, 그런 존재여야만 할 것 같은데, 뭘 어떻게 해야 할지……. 불안했던 것 같아. 결혼과 행복이라는 말 자체부터 겁이 났어. 미안하다. 너를 편하게 해주지는 못할망정 이렇게 부담만 주고……."

그녀는 대답이 없었다. 남자는 반대편 손으로 액자를 다시 집어 옆구리에 끼고는 걷기 시작했다.

"이제야 깨달았어. 결혼이 '사랑의 결실'이기도 하지만, '또 다른 사랑의 시작'이라는 걸 말이야. 자연스럽고 어른스러운 사랑."

어른의 사랑은 느낌이나 로맨스 차원을 넘어 서로를 깊이 이해하고 맞춰주는 조화 능력을 기반으로 한다. 타협과 거래라는 성인 특유의 '주고받기' 관계를 필요조건으로 하지만, 결국에는 그것마저 뛰어넘어 '서로에게 그냥 주기'를 핵심으로 한 조건 없는 사랑을 실현해낸다.

결혼 이후의 사랑은 그렇게 '이상'과 '현실'을 함께 품어내며 조화를 이뤄야만 비로소 온전해지는 것이다.

"인상 깊은 얘기를 들었는데, 너한테도 해주고 싶어. 들어볼래?"

남자가 사거리 모퉁이를 돌면서 여자에게 물었다. 언덕이 시작되는 곳에 여자의 집이 모습을 드러냈다. 3층에 불이 켜진 방이 보였다. 그 방에서 그녀가 전화를 받고 있을 것이다.

"응."

드디어 여자가 반응을 했다.

불의의 사고로 시력을 잃은 아내에게 어느 날 남편이 말했다.

"내가 당신을 언제까지나 돌봐줄 수는 없잖아. 당신 혼자 살아가는 법을 익히는 게 좋겠어."

아내는 섭섭했지만 남편의 말을 따르기로 했다. 혼자 장을 보러 다니는 것은 물론, 매일 버스를 타고 도서관에 가서 점자책을 읽기 시작했다.

그렇게 1년이 흘렀고, 아내는 그런 생활에 적응이 되어 큰 불편 없이 지낼 수 있게 되었다.

어느 날, 아내는 버스를 타고 도서관에 가다가 라디오에 나온 청취자 사연에 감동을 받았다. 남편의 지극히 정성어린 사랑에 대한 내용이었다. 그녀는 나지막하게 혼잣말을 했다.

"그런 남편을 두었다니 참 부럽네."

앞자리의 버스 기사가 그녀의 말을 듣고는 말했다.

"아주머니도 참. 뭐가 부러워요. 아저씨가 더 대단하구먼. 하루도 안 빼놓고 저렇게 아주머니 뒤만 졸졸 따라다니는데……. 지금도 뒤에 앉아 있잖아요."

아내가 흠칫 놀라 뒤로 손을 뻗자, 누군가의 손이 그녀의 손을 마주 잡았다. 조금은 투박하지만 익숙한 손. 그녀는 그 손을 꼭 쥔 채 놓지 않았다.

전화 저쪽 편에서 그녀가 한숨을 쉬는 소리가 들려왔다.

"나는 대단한 존재이고 싶었어. 그래서 너한테 편안한 사람이 되어주지 못했던 것 같아. 그렇지만 이제는 네가 숨 쉬는 공기처럼, 있는 듯 없는 듯하면서 늘 네 곁에 있을게. 나를 내세우지 않고 너와 함께 길을 걸어갈게."

그가 느꼈던 결혼의 이미지, 망망대해는 불안의 상징이지만 동시에 무한하게 열린 기회를 의미하는 것이기도 했다. 세상의 모든 것들은 그런 양면성을 갖고 있다. 남자는 자신감이라는 것이 '먼저 스스로를 믿는' 데서 비롯된다는 당연한 이치를 다시 한 번 깨달았다.

따라서 신뢰는 스스로를 믿는 두 사람 사이에서 이뤄지는 암묵적인 소통을 의미하는 것이다.

　남자는 집 앞에 도착해 그녀의 창을 올려다보았다.

　"결혼은 망망대해가 맞는 것 같아. 어디로 갈지 알 수 없으니 말이지. 그러니까 우리, 물결의 움직임에 함께 몸을 맡겨보자. 너무 불안해하지 말고, 그냥 물결을 따라 천천히……. 우리는 사랑하니까 결혼을 하지만, 앞으로 함께 살아가면서 비로소 사랑을 배우게 될 거야."

　창가에 손 하나가 나타나 커튼을 열어젖혔다. 창문이 열리고 그녀가 아래를 내려다보았다.

사람은 사랑에 빠지는 것도 또 사랑에서 뛰쳐나오는 것도 아니다.
우리는 사랑 속에서 성장하는 것이다.
-레오 버스카글리아

국립중앙도서관 출판시도서목록(CIP)

여자에겐 일생에 한 번 냉정해야 할 순간이 온다 : 한상복
지음. — 고양 : 위즈덤하우스, 2012
p. ;   cm

ISBN 978-89-5913-709-1 13320 : ₩13000

혼인[婚姻]

332.22-KDC5
306.81-DDC21   CIP2012004753

여자에겐 일생에 한 번 냉정해야 할 순간이 온다

초판 1쇄 발행 2012년 11월 5일
초판 12쇄 발행 2016년 10월 20일

지은이 한상복
펴낸이 연준혁
콘텐츠디렉터 박현찬

출판 2분사
편집장 박경순
책임편집 우지현

펴낸곳 (주)위즈덤하우스 **출판등록** 2000년 5월 23일 제13-1071호
주소 경기도 고양시 일산동구 정발산로 43-20 센트럴프라자 6층
전화 031)936-4000 **팩스** 031)903-3891 **홈페이지** www.wisdomhouse.co.kr

ⓒ한상복, 2012
값 13,000원 ISBN 978-89-5913-709-1 [13320]

*잘못된 책은 바꿔드립니다.
*이 책의 전부 또는 일부 내용을 재사용하려면
사전에 저작권자와 (주)위즈덤하우스의 동의를 받아야 합니다.